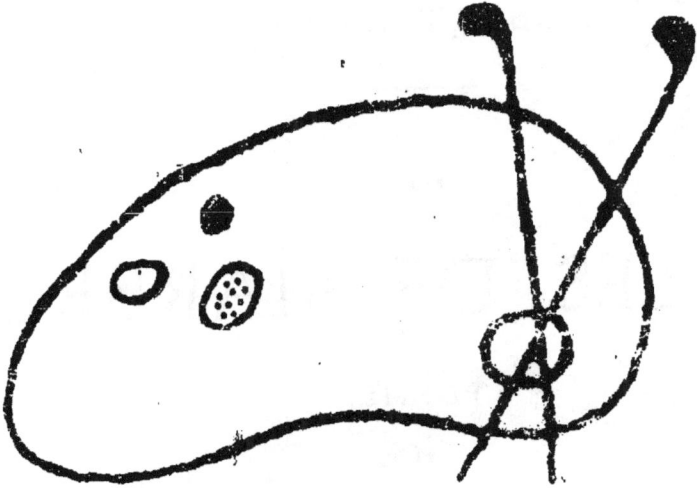

Début d'une série de documents
en couleur

ALBERT MÉRAT

LES

VILLES DE MARBRE

POËMES

1869

FAC ET SPERA

PARIS

ALPHONSE LEMERRE, ÉDITEUR

27-29, PASSAGE CHOISEUL, 27-29

M DCCC LXXIII

Contrôler la couverture

BIBLIOTHÈQUE CONTEMPORAINE

Volumes in-18 jésus, imprimés sur beau papier vélin.
Chaque volume, 3 fr.

PARIS. — J. CLAYE, IMPRIMEUR, 7, RUE SAINT-BENOIT. — [1661]

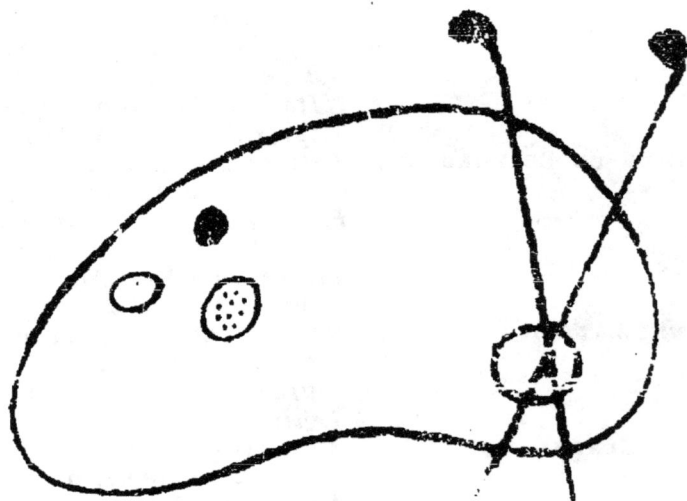

Fin d'une série de documents
en couleur

LES

VILLES DE MARBRE

DU MEME AUTEUR

LES CHIMERES

Poésies couronnées par l'Académie française.

2e ÉDITION

L'IDOLE

SONNETS

LES SOUVENIRS

SONNETS

En préparation :

POËMES DE MON PAYS

LES CAMEES

ALBERT MÉRAT ET LÉON VALADE

AVRIL, MAI, JUIN

SONNETS (*épuisé*)

INTERMEZZO

POEME TRADUIT DE HENRI HEINE

PARIS. -- J. CLAYE, IMPRIMEUR, 7, RUE SAINT-BENOIT. [1661]

ALBERT MÉRAT

LES
VILLES DE MARBRE

POËMES

1869

PARIS

ALPHONSE LEMERRE, ÉDITEUR

27-29, PASSAGE CHOISEUL, 27-29

M DCCC LXXIII

VENISE

VENISE

I

Les Marbres roses.

Nos marbres, pierres de tombeaux,
Sont funèbres ou prosaïques.
Les marbres roses ne sont beaux
Que près de l'or des mosaïques.

Le ciel levant vient se poser
Sur leurs finesses d'aquarelles :
On dirait qu'il donne un baiser
A des gorges de tourterelles.

En des accords blonds et tremblants
Résumant la douceur des choses,
Le sang divin des marbres blancs
Vit aux veines des marbres roses.

Du côté que s'en vient la mer,
Une mer fine et délicate,
Ils tendent vers l'espace amer
Leur radieuse clarté mate.

Ils ont des voix et des regards;
Et, lorsque monte la marée,
Ils cherchent si les étendards
Ne flottent pas vers la Morée.

II.

La Statue de Colleoni.

L'aventurier, d'un sang plus pur qu'un sang royal,
Étant né de celui des belles républiques,
Appuie aux étriers d'airain ses pieds obliques,
Et, du bras gauche, enlève et retient son cheval.

Il ouvre l'autre bras dans un geste loyal,
Ayant choisi, d'un cœur dévot à ces reliques,
Dans les drapeaux empreints d'animaux symboliques,
Le vieux Lion plutôt que l'Aigle impérial.

Solide conducteur de soldats à sa taille,
D'un regard sans prunelle il mène la bataille,
Et laisse sûrement sa tactique aboutir.

La bouche aux coins tombants, enclose par des rides,
Et que serre l'orgueil de deux lèvres arides,
Par mépris de parler ne daigne pas mentir.

III.

Les Symboles.

J'aime les cœurs naïfs et les mains enfantines,
Et j'aime la laideur des vierges byzantines.
La face sans relief n'est pas d'un art subtil;
Un trait noir et distinct figure chaque cil,
Sur le fond d'or, plus beau qu'une voûte étoilée.
La bouche d'un silence éternel est scellée;
Dans un geste mal fait qu'on n'a pas su finir,
Les mains, au long du corps, s'abaissent pour bénir.

La robe à plis sans grâce avec gêne s'ajuste :
Mais le fantôme saint poursuit son rêve auguste,
Et, symbole idéal et grave de l'esprit,
Écoute, voit, pardonne et jamais ne sourit.

IV.

Musique orientale.

La musique, au fond, n'est jamais savante,
Et j'ai bien compris, sous ce rhythme obscur,
Des frissons de palme à l'ombre d'un mur,
Bercés aux doux bruits que le ciel invente.

C'est toujours le rêve et toujours l'amour,
L'amour d'une femme aux tempes d'ivoire,
Vers qui l'on s'en va docile, sans boire,
Par d'ardents chemins qui durent un jour.

Dans les orients, toutes les musiques
Ont en tons plus fins coupé les soupirs :
Ce sont des accords lointains, des désirs
Mêlés vaguement aux choses physiques.

Le désir blessé par un ciel fatal
Monte épanoui, fleur des lèvres closes,
Et le chant, comme un souffle sur des roses,
Court avec des sons aigus de cristal.

V.

Carpaccio.

Parfois les primitifs ont vu d'un œil obscur
La couleur qui gardait encore son mystère ;
Car à peine le beau rayonnait sur la terre,
Et, pâle, s'ébauchait sur la toile ou le mur.

Ils allaient lentement, loin du monde peu sûr,
Vers les cloîtres pleins d'ombre et de paix solitaire.
La grande soif d'aimer que rien ne désaltère
S'étanchait aux fraîcheurs d'un art mystique et pur.

Venise, à l'Orient qui sourit et qui rêve,
A les plus doux regards du soleil qui se lève ;
Une aurore de perle y berce les contours.

Azur jeune et vivant de la mer qui s'éveille !
Carpaccio put saisir la lumière, ô merveille !
Et mettre l'air du ciel au faîte de ses tours !

VI.

Au Jardin public.

Assise sur ses deux talons,
Charmante et maternelle pose,
Elle mêlait ses cheveux blonds
Aux blonds cheveux de l'enfant rose.

Les genoux servaient de coussin
Aux petits pieds nus de l'idole;
La bouche fraîche près du sein
Avait l'éclat d'une corolle.

L'enfant, rassasié d'amour,
D'un mouvement prompt et farouche,
Se détourna pour rire au jour
De tout le rire de sa bouche.

Voyant derrière le rideau
De son obscure raison d'ange
La maison blanche du Lido
Et des voiles couleur d'orange.

VII.

Honorer la beauté, c'est la vertu première;
Pour être heureux, ouvrons les yeux à la lumière.
L'âme légère est sœur des nuages légers;
Les nuits, les soirs charmants nous seraient étrangers,
Si nous n'aimions ce doux spectacle de la vie.
Aux hommes plus profonds cette grâce est ravie.
Ils ne connaissent pas les matins triomphants,
Les femmes aux beaux yeux ni les petits enfants
Dont la chair est la chair même des fleurs nouvelles.
C'est pour nous seulement que ces choses sont belles.
Est-ce qu'il est besoin, hélas! de tout savoir,
Et suis-je malheureux si je ne puis que voir?

VIII.

Vierges peintes.

Les vierges n'ont rien du ciel
(Les choses du ciel sont vagues).
— Leurs yeux sont du bleu des vagues,
Et leur sourire est réel.

Dans un songe de chimères,
Sur leur doux sein réchauffant,
Elles bercent leur enfant
Simplement, comme les mères.

Elles ont quinze ou seize ans
Et des chevelures blondes;
De leurs tendresses profondes
Coulent les mots apaisants.

Par une mélancolie
Qui rehausse leur beauté,
D'un souci d'humanité
La joue exquise est pâlie.

Vierges, femmes au front doux,
Aussi pures qu'un saint vase,
Vous gardez dans votre extase
Un cœur souffrant, comme nous.

IX.

Les Chevaux de Saint-Marc.

Nous prîmes ce trésor, ne pouvant faire mieux
Ou pis : les peuples forts frappent les peuples vieux;

Le droit malaisément triomphe de la force.
La terre eût dû garder la Vénus au beau torse,
Ou plutôt il fallait laisser sous ce doux ciel
Les déesses de marbre à leur rêve éternel.
La gloire ne serait par nulle autre effacée
De qui respecterait l'art, fleur de la pensée.
On ne doit pas ravir à Rome ses Vénus,
Aux églises leurs Christs, leurs petits enfants nus
Qui font dans les tableaux l'alliance mystique;
Ni, du droit des vaisseaux fermant l'Adriatique,
A Venise qui souffre et qui respire encor,
Ses quatre chevaux grecs, aux flancs d'airain et d'or.

Après avoir, au sein de nos ciels monotones,
Subi pendant quinze ans la honte des automnes,
Ils revinrent. Saint-Marc, de ses blancs chapiteaux,
A ses chevaux enfin refit des piédestaux,
Fier de restituer à leur splendeur antique
Sa chaude beauté, cadre aussi grand qu'un portique.
A présent, le quadrige épique aux pieds d'airain,
Soufflant à pleins naseaux, n'a, parmi l'air serein,
Que la paix du soleil qui se lève ou se couche,
Dans l'azur qui sourit et n'est jamais farouche,
Et qui fait les vieux murs roses comme des chairs.
Les beaux jours d'Orient, balsamiques et clairs,
Sont sur eux; et le vent qui laisse l'onde unie
Leur raconte en chantant des choses d'Ionie,
Dans le temps qu'Aspasie encourageait les arts
Et qu'ils frappaient le sol attelés à des chars.

X.

Les Jeunes Femmes.

La lumière fait le regard
Et dans les yeux des jeunes femmes
Met le bleu du ciel ou des flammes
Qui vous éblouissent sans art.

Son opulence aux chevelures
A donné tout l'or du soleil,
Et c'est comme un trésor vermeil
D'étincelantes crespelures.

Leur teint, elle l'a composé
Des merveilles de son aurore.
Nacre qu'un sang jeune colore
D'un éclat fin, mat et rosé.

Sur la bouche où l'amour respire
Un gai rayon s'est arrêté.
O les rouges fleurs de beauté
Et l'inoubliable sourire!

La pensée est pleine de jour,
Du jour des étoiles heureuses

Où sont les belles amoureuses
Aux chères âmes sans détour.

XI.

Les Ciels.

Légers, presque immatériels,
Doux au regard qui les reflète,
Je ne sais pas pourquoi les ciels
Me font ainsi lever la tête.

Sans automnes et sans hivers,
Diaphanes et chargés d'aise,
Le soir à Venise ils sont verts,
Tels que les peignait Véronèse.

Horizon tranquille des yeux,
Dans la finesse de leurs voiles,
Comme un torrent harmonieux
Ils laissent filtrer les étoiles.

La lune en son nimbe nacré
Luit sur un fond teinté de perle;
De cette candeur éclairé,
Le flot, à voix basse, déferle.

Faisant trembler à petits plis,
Illusion de mer profonde,
Les blancs rayons ensevelis
Dans une transparence blonde.

XII.

Venise.

Je veux rester ici sans penser : je veux vivre.
Les yeux épris du ciel n'ont pas besoin de livre.
L'automne de Venise, épargné du soleil,
Sera ma rêverie et mon repos vermeil.
O jours harmonieux où l'heure passe brève,
Vous savez la chanson des vagues sur la grève.
Écoutez : le flot bleu qui vient chanter ainsi,
C'est la voix de la Grèce arrivant jusqu'ici.
O l'allongement fin et glauque des lagunes,
Les sables évités, les grandes rames brunes;
Au-dessus des murs clairs et peints comme un décor
Les campaniles droits surmontés de saints d'or;
Dociles, paraissant obéir à des signes,
Les gondoles, le col dressé comme les cygnes;
Tous les sons apaisés, tous les rayons charmants,
Les pampres nourriciers des vins forts et cléments,

Et parmi ces tons frais, ces doux bruits et ces flammes,
Le rire se levant sur les lèvres des femmes.

XIII.

Vers le Passé.

Les satins blancs, comme des flots heureux,
Par les beaux soirs et les nuits féodales,
Avec lenteur ont glissé sur ces dalles,
Traînants et longs, sur les corps amoureux.

Plus tard, ce fut le temps des satins roses,
Des dominos aux fêtes de Guardi,
Cachant la nuque et le sein arrondi,
Et chuchotant les plus exquises choses

Les roses-clairs et les molles blancheurs
Ne sont non plus que les belles passées :
Éclairs éteints de jupes effacées,
Concert fini des suprêmes fraîcheurs.

XIV.

A Venise

Venise! ô souvenir! ô cité blanche et rose!
Merveilleux alcyon, fleur de la mer éclose
Entre l'azur uni des ondes et le ciel,
Cité-femme au doux nom, ô mon charme éternel,
Venise, ainsi que toi, les Vénus étaient blondes.
Tes pieds exquis trempés aux vagues peu profondes,
Telle qu'une princesse en habits d'Orient,
Tu te penches, et l'eau reflète en souriant
Le rhythme de ton corps et tes parures vaines.
Des canaux délicats et minces sont tes veines;
Ainsi qu'aux êtres fins le silence t'est cher.
Les marbres éclatants et roses sont ta chair,
Si pure qu'on dirait que les brises sonores
Y font courir le sang des vivantes aurores.
Tes yeux sont le rayon divin du ciel léger,
Et ton sourire fait le jour, sans y songer.

Ainsi mon rêve épris n'a pas pu se défendre
De t'aimer d'un amour mélancolique et tendre,
Comme on aime une femme, et comme on tend les bras
Aux belles visions qui ne s'envolent pas.

J'ai connu ton regard et j'ai connu ta bouche.
Je sais ce que le ciel, quand le soleil se couche,
Met à ton front serein de grâce et de splendeur.
Un souffle du Lido m'apporta cette fleur,
Errante sur les flots brodés d'écumes blanches...
Les cigales au loin résonnaient dans les branches.
Lorsqu'il fallut, hélas! partir et te quitter,
Je te laissai mon cœur sans en rien emporter.
Tel l'amant, ô la plus auguste des maîtresses!
S'arrache, frissonnant, aux dernières caresses.

XV.

Venise au crépuscule du soir.

Elle a, pour éclairer son corps,
Sorti des flots et qui s'y penche,
Une âme rose, une âme blanche,
Dissonnances faites d'accords.

C'est l'âme rose la première
Qui luit à son front transparent,
Dans une grâce qui ne prend
Rien que la fleur de la lumière.

Le soleil couché laisse au jour
Comme un répit de clarté brève;
Alors l'âme blanche se lève,
Transfigurant chaque contour.

Le lait des dents et des opales,
La tiède neige des seins blancs,
Les duvets de cygne tremblants,
Les clairs de lune doux et pâles

Ont formé du concert charmant
De leurs limpidités insignes
Cette aube nocturne des lignes,
Candides idéalement.

Ceux-là pour qui Venise est nue
Savent cette dualité;
Et ce fin prestige est noté
Pour quelques-uns qui l'ont connue.

NAPLES

NAPLES

I.

Les Voyages.

C'est la tristesse des voyages
De n'y distraire que ses yeux ;
Les choses que l'on sent le mieux
Sont encor les vieux paysages.

Cependant les autres longtemps
Ont tenté l'âpreté du rêve ;
Quand leur pure image se lève,
Le désir dit : « Je les attends ;

Voici le ciel, voici les arbres;
Les doux souffles, les tons légers,
Les grands palais pleins d'orangers
Avec leurs faces de vieux marbres. »

Mais l'homme qui passe là-bas
Ne détournera pas la tête;
Les songes dont sa vie est faite,
Mon esprit ne les saura pas.

Charmante de l'automne en flamme,
Bien qu'elle prenne un air de sœur,
La terre, malgré sa douceur,
Me cache-t-elle aussi son âme?

II.

Septembre.

C'est vers ce mois qu'il faut aller en Italie,
Pour trouver l'air plus tiède et la terre embellie
De ses fabuleux bois d'Hespérides pleins d'or;
Pour connaître la paix du beau, pour voir encor,
Sur le chemin qui va de Mizène à Pouzzoles,
Les filles, leur sein nu gonflant les camisoles;

Et les enfants, quittant l'ombre étroite des murs,
Le ventre gros encor, les traits charmants et purs,
Courir, puis devant vous s'arrêter, sans chemise :
Car il semble que là ce soit chose permise
De laisser grandir l'homme à la clarté du ciel
Sans rien de convenu ni d'artificiel,
Comme l'arbre des bois grandit à pleines branches.
Pêle-mêle, en riant, toutes ces pousses franches,
Ces enfants dont les cris ébauchent des chansons,
Les fillettes parmi tous les petits garçons,
Sur le vieux sol qui sent tressaillir ses entrailles,
Joyeux, fêtent la vie en jeunes fiançailles.

III.

Le Mendiant.

La misère est un mal affreux sous les ciels gris.
Le pâle mendiant qu'on rencontre à Paris
A les poumons blessés des longs hivers : il tousse :
L'été n'a pas pour lui d'asile, on le repousse
S'il pose sur un banc sa tête pour dormir.
La haine de ses yeux pourrait faire frémir,
Mais on ne prend pas garde à ce vice, la haine.
Ses habits, il en faut, sont de mauvaise laine

Ou de toile, et la toile abrite peu du froid.
Sans gîte, on le prendrait; il a le bouge étroit
Où l'air est vicié par des êtres phthisiques.
Dans les endroits où l'on tolère des musiques,
Il racle un violon, farouche, l'œil hagard,
Ou bien tirant le pied, sans geste et sans regard,
Furtif, va se chauffer dans les bibliothèques.

Ici, la tête à l'ombre, il mange des pastèques.

IV.

Coucher de Soleil sur le Golfe.

Le soleil, sans hâte à descendre,
Sur le Pausilippe, le soir,
Comme un dieu fauve va s'asseoir,
Baignant d'or rouge le ciel tendre.

Il pâlit, glisse. L'on voit mieux,
Quand l'éblouissement recule,
A la lyre du crépuscule
Les rayons, fils harmonieux.

Sur l'autre rive transparente
Et mélodieuse qui n'a
Que des noms comme Résina
Pour ses murs roses, ou Sorrente :

Au flanc droit du petit sentier,
L'ombre en tridents, aux bras de l'arbre,
Comme des acanthes de marbre
Sculpte les feuilles du figuier.

Elle le troue en découpures
Immobiles de bleu foncé.
Tout le paysage est tracé
En lignes attiquement pures.

Ces traits nets sont l'effet voulu
De la lumière saine et forte,
Sans artifice qui la sorte
De l'extrême et de l'absolu.

Le détail luit dans la distance;
L'ensemble, tout épars qu'il est,
Sur le Vésuve violet
Se résume en azur intense.

V.

Les Anes.

Leur poil est le poil gris qui sied aux philosophes.
Ce vêtement, pareil aux solides étoffes,
Luit convenablement sans tirer le regard.
Comme on les traite bien, ils n'ont pas l'air hagard
Des nôtres, malheureux et las, rendus cyniques.
Leurs grands yeux doux sont pleins de choses ironiques;
Mais après tout, ils sont des ânes, et leur dos
Doit porter le labeur honnête des fardeaux.
Seulement ce n'est pas l'herbe ni la farine
Dont l'odeur vaine excite et tente la narine;
Mais les figues, les fruits délicats et mielleux,
Les limons doux, l'amas des raisins merveilleux
Dont les coteaux soufrés cuisent la chair exquise.
La balance du bât est ajustée et mise
De sorte qu'elle soit pour eux un bercement.
Comme un pavillon d'or brille joyeusement,
Faisant prisme et saillie entre les deux oreilles,
Le haut collier de cuivre aux teintes sans pareilles;
Et, de chaque côté du front pensif et gai
Qui penche à peine à terre et n'est pas fatigué,
Verts, et d'un juste accord rhythmés au pas agile,
Tremblent des rameaux pris au laurier de Virgile.

VI.

Les Fruits de Naples.

Les fruits, trésor exquis de la maturité
De la saison nubile et devenue été,
Luisent au long des murs, pendus en girandoles.
Ils protègent le seuil ainsi que des idoles
Rustiques, qui seraient propices aux repas :
Les pastèques, d'un vert limpide, qui n'ont pas
De parfum, mais dont l'eau rose provoque à boire,
La pomme d'or auprès de l'aubergine noire,
Les piments longs, pareils à des doigts de corail ;
Et, parmi ces tons mats et ces luisants d'émail,
Entre les blonds maïs et les courges énormes,
Les citrons façonnés en mamelles difformes.

En bas, les voici tous sur la place, mêlés
Aux figues, aux raisins par le plein air hâlés,
Comme des paysans de taille et de carrure.
Le marchand sait, ainsi qu'on règle une parure,
Les ordonner selon un style de couleur.
Les rouges près des blancs sont d'un effet meilleur,
Car la nature a mis quelque goût chez ces hommes.
Cependant que Paris triste mange des pommes,

Il fait étinceler les chatoiements jumeaux
Des oranges et des citrons dans des rameaux
Verts de la séve encor fraîche qui les arrose.
Les figues des nopals ouvrent leur pulpe rose
Sous son couteau léger, délicat et cruel.
A l'autre bout, gaîté d'un coin spirituel,
La grenade en filets de sang pourpre s'égoutte.
— Étalages charmants où l'Italie est toute,
Sur qui chante l'accord du parler musical !
L'été, par les beaux soirs et dans le souffle égal
Du vent qui n'est jamais à Naples que la brise,
Tout s'allume : c'est un caprice, une surprise
De théâtre, de longs prestiges de décor
Où se mêlent les jeux de la flamme et de l'or.

VII.

Le Golfe.

Ce golfe, sans flux ni marée,
Est un oisif. Le plus souvent,
Malgré la caresse du vent,
La barque demeure amarrée.

Le flot, sur le sable vermeil
Dont la mollesse l'environne,
A des langueurs de lazzarone
Qui se chaufferait au soleil.

Il remue à peine, il se couche,
Il chante des airs somnolents ;
En murmures doux et tremblants
Les soupirs montent à sa bouche.

Tout azur est harmonieux :
Mais cette mer molle et sans râle
Ne connaît pas le courroux mâle
Des océans laborieux.

Quand elle n'a souci de plaire,
C'est une femme avec des cris,
Qui garde à ses amants surpris
Des raffinements de colère.

Elle les marque sans remords
De la morsure de ses vagues ;
Et dans ses rêves bleus et vagues
Elle pourrait compter ses morts.

VIII.

La Musique.

Peut-être les douceurs et les mélancolies
Tombent-elles plutôt des ciels voilés du Nord,
Comme perlent aux yeux des femmes moins jolies
Les désirs contenus que la raison endort.

Les demi-teintes sont encor de la lumière,
Mais la vie est plus chaude à la flamme du jour.
Naples, luxuriante et forte, aima l'amour,
C'est pourquoi la chanson lui devint coutumière.

Elle chanta si bien et chanta si longtemps
Que le monde charmé redit ses tarentelles,
Sur le rhythme posant ainsi que des dentelles
Le délicat frisson des trilles irritants.

Elle eut des airs divins, aussi bleus que ses îles,
Qui disent que la vie est la fleur du soleil;
Et sur sa lèvre rouge, où bout le sang vermeil,
Elle fit résonner les syllabes agiles.

Tant que Capri sera belle comme le ciel,
Que les étés feront fleurir les lauriers-roses,

Les bouches des chanteurs ne seront jamais closes,
Et laisseront couler la musique, leur miel.

IX

Pulcinella.

Polichinelle est vil et son visage est laid.
Pulcinella plaisant sous le bec de poulet
Du masque : d'où son nom. Ces choses-là sont dites
Dans les livres écrits par les mains érudites.
En France il est bossu deux fois, mais n'est pas sot.
A Naples il est droit, et ressemble à Pierrot,
A part le haut bonnet fait d'un rouleau de toile.
L'habit blanc n'étreint pas les formes, il les voile;
Et ses reins sont serrés d'une ceinture en cuir,
Ce qui soutient la rate et rend léger pour fuir :
Car le drôle est poltron, vantard et ridicule.
Il avance bien moins souvent qu'il ne recule.
C'est un provincial à l'accent calabrais,
Grotesque malgré lui toujours, souvent exprès.
Le marinier du môle ou la marchande d'herbes
L'apostrophe de mots et de gestes superbes.
Quand il est amoureux, chacun lui rit au nez;
Il prend alors des airs noblement étonnés,

Et reçoit les soufflets d'une façon civile.
Au fond il sait très-bien ce qu'on dit par la ville,
Fait des allusions aux faits du jour, pourrait
Parler de tous les riens, du journal qui paraît
Depuis la veille, ou du scandale d'une dame.
Son verbiage, aussi bavard qu'une réclame,
Est plein de demi-mots qui font rire aux éclats.
Étant un personnage, il ne conviendrait pas,
Car après tout la ville entière l'idolâtre,
Qu'il n'eût pas d'auditoire et qu'il fût sans théâtre;
Et, comme on sait sa langue habile aux longs discours,
On lui change parfois son rôle tous les jours.

X.

Les Bronzes anciens.

Sous les lauriers, les divins arbres,
Le sculpteur, rêvant aux dieux nus,
Gardait, pour faire les Vénus,
La délicatesse des marbres.

Le bronze aurait blessé ces chairs
Pures comme la mer Égée :
A peine leur grâce outragée
Souffrait-elle les Paros clairs.

Mais il faisait les jeunes hommes
De bronze sur leur piédestal,
L'antique fondeur de métal,
Plus habile que nous ne sommes.

Il honorait les corps si beaux
Qu'avait proclamés Olympie,
Tels que la terre fut impie
D'en rendre l'image en lambeaux.

La face des dieux n'est obscure
Que dans l'ombre des cieux abstraits ;
Athénien, il sut les traits
De Jupiter et de Mercure.

Il n'avait plus qu'à façonner
Une vision définie
En ces figures de génie,
Qui vivent pour nous étonner.

XI.

Le Chemin de la Fête.

C'était fête, non pas fête nationale,
Mais populaire. Ainsi, point de pompe banale ;

3

Dans la rue, où chacun circule librement,
Pas de sergents de ville et pas un régiment.
Pas de gaz allumé sur le moindre édifice;
Pas d'heure pour les jeux et le feu d'artifice :
La liberté de vivre et de faire du bruit,
Et même de rester dehors toute la nuit,
Comme cela se peut malgré la politique.
Un souvenir vivant de la coutume antique
Perçait dans la cadence et le rhythme joyeux
De ces groupes faisant cortéges, dont les yeux,
Mâles de la beauté que la liberté donne,
Ayant perdu Vénus, adorent la Madone.

Ils allaient. La plupart étaient des jeunes gens,
Beaux comme des danseurs antiques. A seize ans,
Ils sont hommes. D'un air de grâce peu commune,
Le bonnet de pêcheur, en laine épaisse et brune,
Coiffait parfois la tête ardente aux noirs cheveux.
D'aventure un vieillard, à tous ces pas nerveux,
Mêlait le sien, moins sûr d'aller, solide encore.
Grossi d'enfants, montait le grand troupeau sonore,
Et quand ils rencontraient une fille parfois,
La castagnette leur tintant au bout des doigts,
C'étaient en plein chemin des tarentelles folles.
Comme la marche sied assez mal aux paroles,
Leur voix juste chantait les airs napolitains,
Rhythmés violemment aux accords incertains
D'un instrument qui semble un tambour en détresse,
Et du triangle en bois qui leur vient de la Grèce.

Aux pointes des bâtons, comme des fleurs de feu,
Les lanternes piquaient le vague du soir bleu.
Ce beau peuple, qu'en vain l'habitude agenouille,
Semblait redevenu païen sous la dépouille
Des jardins, à ses mains pendante en raisins mûrs,
En figues, que le ciel cuit au chaud des grands murs,
Et qu'il portait ainsi qu'on porte des prémices.
Un groupe, à chaque pas, bruyant avec délices
(Bruit musical auprès de nos bruits coutumiers),
Débouchait d'une rue, et, croisant les premiers,
Du geste et de la voix leur donnait la réplique.
Cela dura longtemps; le ciel mélancolique
De France, par l'effet d'une comparaison,
Me faisait étranger dans ce clair horizon,
Où la rue est toujours débordante de vie;
Et ma fierté songeait à la chair asservie,
Mais féconde pourtant, dans la cité du Nord
Qui préfère aux chansons la pensée et l'effort.

XII.

Pompéi.

Voisine de Pæstum et de la grande Grèce,
La ville heureuse était belle de la caresse

De ce double rayon, le grand golfe et le ciel.
Une colline où les abeilles font leur miel,
Et qui, plus haute un peu, serait presque l'Hymette,
Lui sert de base, assez large pour que l'on mette
Dessus la ville, et puis encore les faubourgs;
Petite malgré tout, pour y faire les jours
Moins longs et délicats, tissés de vie intime.
Le scribe ou le foulon ne faisait pas un crime
A Pansa de laisser les fleurs s'épanouir,
Et de n'avoir de soins qu'aimer et que jouir.
Le Vésuve, d'ailleurs, était là, quand la brise
Soufflait de l'Orient sur elle, moins exquise;
Pour la boutique étroite et l'ombre des celliers
Il donnait le trésor des grappes par milliers,
Et la distance était de longs coteaux fermée
De la ville à son blanc panache de fumée.

Elle ne songeait pas et vivait. Le marchand,
Attendant les coups d'œil qu'on jette, ou les cherchant,
Vendait, ami du seuil, l'huile de ses olives.
En tunique de laine aux larges franges vives
De pourpre, le patron, lorsque venait le soir,
S'en allait au Forum, ou bien allait s'asseoir,
Vers ses clients, plus bas que l'esclave ou le pâtre,
Sur les gradins marqués pour sa place au théâtre.
La rue, assez étroite, écartait le regard
Du soleil, conservant l'espace pour un char.
A tous les carrefours chantait l'eau des fontaines:
Comme des flots cachés et des sources lointaines

Dont on entend le bruit sans qu'on sache leur cours,
La piscine pleurait sculptée au fond des cours.
L'azur veillait la nuit sur les chambres des femmes,
Les lares, le foyer, le plus souvent sans flammes,
Étaient chers, les murs peints des chefs-d'œuvre connus;
Et la déesse bonne et douce était Vénus.

La mort, qui connaît bien quelle poudre nous sommes,
Rend au sol primitif les villes et les hommes,
Gardant à peine mieux les marbres que les os.
Son silence au-dessus met un ciel sans oiseaux,
Car la mort ténébreuse importune la vie.
Quelquefois son embûche est longtemps poursuivie,
Ou bien elle vous tue, atroce d'un seul coup.
Les chaînes, les doux bras que vous avez au cou,
Ne la détournent pas des routes qu'elle creuse.
Le livide néant guette la vie heureuse.

XIII.

Les Souvenirs.

Ainsi loin du soleil, et blessé du ciel froid,
Le souvenir, divin oiseau du nid étroit,
Qui se plaît à baigner ses ailes de lumière,

Fuit vers le bleu, revoit Venise la première,
De peur d'y demeurer fermant presque les yeux ;
Franchit Florence, belle au fond d'un pli joyeux
Des montagnes ; sur Rome, au souffle qui l'emporte
Dit : « Va, nous reviendrons, j'ai peur de cette morte ! »
Et, de loin, entendant la mer aux doux sanglots,
Vers Naples rouge va s'abattre au bord des flots.
Parfois une lueur perce le pur ensemble :
C'est un détail, un rien limpide, qui me semble
Tout, car je le sais bien, personne ne l'a vu.
Peut-être que, sans moi, le ciel aurait perdu,
Éclairant ce palmier un soir à pleines branches,
Son effet d'orient sur ces deux maisons blanches.
J'ai retenu, rêvant d'un bonheur innocent,
La grâce qu'exhalait une femme en passant ;
Je me souviens d'un mot entendu, d'un sourire
Qu'un autre ne vit point et ne pourra pas dire.
Il m'arriva d'aimer Sorrente tout un soir :
Les rives se voilant m'invitaient à m'asseoir,
Attirantes avec de bleus regards de vierges.
Un fond de nef grandie à la lueur des cierges
Brille à côté d'un rêve éteint, près d'un désir.
Voir seulement me fit comprendre le plaisir
D'oublier tout, dans la langueur, hormis de vivre.
C'est que le bleu fait l'air si doux qu'il vous enivre,
Et que la loi de l'homme est la loi du bonheur.
Sans ordre, sans raison rappelant la couleur,
Ma mémoire toujours retrouve devant elle
Une fille aux seins bruns dansant la tarentelle,

Pendant qu'une autre femme, âpre et vieille déjà,
Que la misère moins que la vie outragea,
Rhythme de sa voix rauque et du tambour sonore
Ces pas dont la beauté n'est pas perdue encore.

ROME

ROME

I.

La Ripetta.

Au devant des palais où chante une fontaine,
La rue aux toits pressés, double ligne lointaine,
Interrompt un instant la file des maisons.
C'est la proximité douce des horizons,
L'air revenu, le ciel plus bas parmi les arbres;
De l'herbe, des degrés taillés dans de vieux marbres,
Une rive; la corde allant à l'autre bord
D'un bac inerte et vide ainsi qu'un bateau mort;

La tache des cyprès mêlant aux pins leur cône
Et le fleuve aperçu qui semble un serpent jaune.
Je m'approche : le Tibre à gauche, sous l'éclair
Du grand soleil, fanfare éclatante de l'air,
Garde la densité mate des eaux de vase ;
Une courbe élargit le vieux fleuve et l'évase.
Tout au bout de la nappe obscure que fait l'eau,
Le pont dresse en blancheur dans le fond du tableau
Le visage ou le dos d'un saint, forme effacée.
Le môle d'Adrien clôt l'œil et la pensée,
Comme un géant qui s'arme en guerre sans motif.
En face des jardins et du printemps chétif
Des saules courts teintés de verdure gris pâle,
Les maisons, étalant les lèpres et le hâle
Du temps, jusque dans l'eau prolongent leurs vieux murs ;
Les fenêtres, parmi les grappes des fruits murs,
S'ouvrent, laissant couler, châssie aux yeux des bouges,
Des haillons loqueteux, d'un ton chaud, souvent rouges.
Tous sont muets : la mort y logea trop souvent.
Leur seuil humide évoque un lointain captivant :
La ville belle et morte où les flots sont les rues.
Un ton d'ocre ou de rouille atteste l'eau des crues,
Et dans la profondeur du fleuve violent,
Le reflet se renverse épais et somnolent.

Belle dualité : paysage des villes ;
Près de l'homme aux vains bruits, paix des berges tranquilles,
Repos des choses, long travail harmonieux
De la sève qui monte aux bras des saules vieux :

Pacte du pampre ami, des pousses sans semailles
Avec l'humanité souffrante des murailles,
Fleurs d'or qu'une fissure est large à contenir,
Éclairant un coin d'ombre au fond du souvenir.

II

Les Fontaines.

La source a sa fraîcheur pour la fraîcheur des branches,
Pour les petites fleurs qui sont roses et blanches,
Et qui, tremblant d'oser, mais éprises du son,
Du clair frisson de l'onde approchent leur frisson ;
Pour les papillons bleus et fins, couleur du rêve,
Pour ce qu'un matin crée et qu'un matin achève,
Et pour l'arbre au grand front, pesant à soutenir,
Qu'un siècle développe et ne voit pas finir.
La source est la chanson des bois sur les collines,
La mélodie errant en notes cristallines
Qui s'apaise l'été, s'enfle avec les hivers,
Et monte en flots de sève au cœur des chênes verts.

A son divin berceau plein d'ombres assoupies,
L'homme, dont les besoins paraissent presque impies,

L'a prise. Il l'a contrainte, en ses doigts forts et durs,
A courir prisonnière aux entrailles des murs;
Puis, colorée encor des aurores lointaines,
Il en a jeté l'âme éparse à ses fontaines.
Le lit que le printemps lui faisait de son sein
Est devenu la vasque étroite d'un bassin;
Le mystère sacré des lauriers et des chênes
Fait place au bruit des pas sur les places prochaines;
La nymphe à ce cristal baignant ses beaux pieds nus,
Et les faunes, peureux de se voir reconnus,
Dont le regard vivant soulevait la paupière,
Sont de pierre, mêlés aux feuillages de pierre.

O fontaines, concert, voix au timbre amical,
Incessantes, enflez le marbre musical;
Et pour faire chanter les places taciturnes,
Vous répondant, versez votre âme au flanc des urnes!
Laissez tomber la strophe, ou comme un frisson d'or
Dressez-la vers le ciel d'un jet plus pur encor :
A l'oreille soyez limpides comme aux lèvres.
Pour le pâtre muet et pâli par les fièvres,
Qui, sur les marches, vague aux plis du manteau brun,
Rêve sans témoigner qu'on lui soit importun,
Épanchez le repos des bois de la Sabine.
Soyez la fraîcheur saine et molle qui combine
La courbe de sa grâce aux traits droits du soleil.
Aimez Rome, elle est sainte, et son flanc est pareil
A celui de la mère adorable, la terre.
En des vaisseaux sans nombre amassez le mystère

Des eaux, puis, les rendant à la douce clarté,
Livrez-les-lui : donnez ce rhythme à sa beauté;
Cependant qu'autour d'elle, épais, morne, infertile,
Le Tibre, comme un roi, dédaigne d'être utile.

III.

Le Paysan.

Ce qui fait que ce peuple est encore vivant,
Malgré le sol aride et le ciel énervant,
C'est qu'il garde en son cœur, que la honte embarrasse,
La fierté de soi-même et celle de sa race :
Le paysan du Tibre est citoyen romain.
L'aiguillon dur devient un sceptre dans sa main;
Et quand il passe au trot de son bidet sauvage,
Le haut chapeau couvrant la moitié du visage,
Le manteau long et gris aux trois petits collets
Descendant sur la guêtre au niveau des mollets,
Fusil au dos, on voit à l'œil fauve et sans larmes,
Qu'il tient à son orgueil aussi bien qu'à ses armes.
Il compte sur lui seul, à toute heure et pour tout.
Cet homme de cinq pieds est solide debout,
Et son cheval pourrait être un cheval de guerre;
Mais la Madone est sainte, et ne permettrait guère

Qu'à part croire et prier l'on eût d'autre souci.
Stoïquement farouche et sobre, sans merci
Pour l'insulte, tenace aux haines de familles,
Il sait qu'un coup vaillant peut plaire aux jeunes filles.
Quant au travail, qu'il faut subir pour ses péchés,
Il apporte les fruits de son champ aux marchés,
Mais, s'il est marié, les fait vendre à sa femme.
Drapé dans son manteau, sous un azur de flamme,
Il la regarde faire en marchant au soleil :
A moins qu'il ne se couche à terre, ayant sommeil.

IV.

Le Capucin.

Débonnaire et joyeux sous l'habit échauffant,
Le moine, dont l'œil gris a des regards d'enfant,
S'en allait à la quête en poussant sa bourrique.
Le ventre des paniers n'était pas chimérique ;
A l'accueil empressé de toute la maison,
On voyait bien que ces bons pères ont raison
De craindre les travaux comme des douleurs vaines.
« Laissons couler le sang mollement dans nos veines,
Pensent-ils ; ennemis des durs expédients,
Soyons, du même coup, moines et mendiants.

Pour cette vie, ayons la paix; et, quant à l'autre,
Le paradis toujours assez tôt sera nôtre. »
Donc le bonhomme allait, bénin, rose, dispos,
Reconnaissant les gens, écoutant les propos,
Y répondait, rendait grâce avec hyperbole.
Il eût béni le monde entier pour une obole.
Sous un décor de pampre et de raisin vermeil,
Un logis, dont les murs éclataient de soleil,
S'ouvrait avec des airs de bienveillance humaine.
Sur le seuil se tenait une jeune Romaine,
Qui, belle, l'invitant du geste et de la voix,
Présentait au quêteur des figues et des noix.
Des femmes, regardant, filaient à leur fenêtre.
Il souriait, non pas d'un sourire de prêtre,
Mais, bouche ouverte, comme un fils de paysans.
La jeune fille était du peuple. Ses seize ans
Se voyaient aux rondeurs mûrissantes du buste;
La tête surmontait un cou noble et robuste;
Les cheveux en bandeaux rebelles, presque bleus,
Envahissaient le front comme des flots houleux.
Longs, faits de jour serein, ses yeux étaient l'aurore.
Elle offrit ses fruits blonds, puis en offrit encore.
Le saint homme, vraiment touché de tant de soins,
Qui ne demande rien de plus que ses besoins
(Ce dont vit après tout la confrérie entière),
Riait toujours. Il prit enfin sa tabatière,
Huma la poudre, odeur plus douce que l'encens;
Puis, à la jeune fille aux traits éblouissants,
Sans voir du nez charmant l'exquise différence,

Ainsi qu'à son prieur il fait par déférence,
— Peu touché qu'un rêveur surprît le gai tableau, —
Tendit le frêle étui d'écorce de bouleau.

V.

Les Églises.

Style jésuitique.

L'ère de la terreur sacrée était passée ;
Confessant malgré lui les droits de la pensée,
Insoumis, et déjà songeant à l'examen,
L'homme sur l'Évangile avait porté la main.
Quelques-uns discutaient même l'enfer atroce.
Pour ne pas laisser choir la mitre avec la crosse,
Il fallait maintenir tout le monde à genoux.
Les Jésuites alors firent un Dieu plus doux,
Un prince délicat qui sait parler aux femmes ;
Et, tempéré par eux, l'enfer eut moins de flammes.

Faites pour nous ravir par un discret effroi,
Les églises de Rome abritèrent la foi,
Asiles des péchés faciles et prospères.
Le grand style devint le style des bons pères,

Rigoriste de cour et béat de bon ton;
Le goût conçut le cintre inscrit dans le fronton.
Compliquée à dessein et molle avec emphase,
La ligne plagia la pompe de la phrase;
Sous la profusion des saints lourds et dispos,
Brilla le flamboiement fade des oripeaux;
La rose à feuille courbe, outrage de la pierre,
Les retraits captieux qui trompent la paupière;
Une subtilité malsaine de détail,
La vitre blanche au lieu des flammes du vitrail.
Une intuition de finesse exercée
Leur fit comprendre l'âme humaine déplacée
Et le désir de plus en plus matériel.
Il fallait rapprocher de la terre le ciel,
Accommoder au culte un art flottant et vide,
Les grands plis de Bernin, les yeux levés du Guide.
Leur génie érigea, triomphe du décor,
Les larges fûts de marbre et les chapelles d'or,
Les plafonds à caissons, les grilles à balustres;
Aux torsades de soie oscillèrent les lustres,
Et la lampe sacrée eut des airs de flambeau.
La recherche et le faste offensèrent le beau.
L'âme circonvenue et mollement guidée
Vers un vague ciel d'or laissait flotter l'idée.

O la naïveté, fleur jeune de l'esprit!
La vierge des tableaux anciens, qui ne sourit
Ni ne menace, mais rêve dans des extases;
Les vieux moines jaunis qui portent les saints vases

Les prêtres sans besoins, vêtus de pauvreté,
A qui vont nos pardons, parce qu'ils ont été
Sincères et croyants malgré leur Dieu terrible;
La colonne pareille aux palmiers de la Bible,
Qui vient épanouir au ciel son chapiteau;
L'église féodale en face du château,
Ouvrant à tous son sein profond comme un asile;
L'autel de pierre blanche et ses degrés d'argile;
La merveille du goût et du trèfle ogival;
Comme l'élancement sacré d'un tronc rival,
La tour à l'autre tour désignant la nuée;
La lumière à grands flots d'ombre diminuée,
A travers les saints bleus et verts, les animaux,
L'enfer, le paradis, tous nos biens, tous nos maux,
Et creusant la maigreur des têtes d'un jour terne,
Pendant qu'au loin la voix de l'orgue nous prosterne,
Mais sereine, et laissant filtrer le ciel béni,
Ainsi qu'un œil mystique où bleuit l'infini!

VI.

Le Saint.

Au marbre de l'autel scellé solidement,
Le corps du saint attend le dernier jugement.
Or, de très-loin, du fond de la belle campagne,

Les vieux et les petits que la mère accompagne,
La jeune fille en qui brûle ou rêve l'amour,
Tous les simples et tous les chétifs, chaque jour,
Viennent au bienheureux offrir le vœu d'un cierge,
C'est un culte à côté de celui de la Vierge
Et du Fils ; à genoux, apposant leurs deux mains
Sur la pierre amollie à tant de pleurs humains,
Ils marmonnent le bruit confus d'une prière.
Ils tiennent le front bas ou la tête en arrière,
Dans un élancement d'espérance et d'effroi ;
Et la divine et vague étincelle, la foi,
Farouche du reflet des flammes éternelles,
Brûle ou fond en langueur les sauvages prunelles.

VII.

La Sixtine.

Les Prophètes et les Sibylles.

Comme Dante, et l'égal de Dante, tourmenté
Malgré lui d'un souci nouveau, l'humanité,
Pendant qu'on vit en joie et que l'on se prosterne,
Michel-Ange, âpre, plein de notre âme moderne,
Parmi les mauvais coups souriants et subtils,

Les cachots au sortir des fêtes, les exils,
Près des princes exquis, menteurs à leur parole,
Dont les scrupules font brûler Savonarole,
Dans la ville où la grâce avait nom Raphaël,
Devina l'idéal et grandit le réel.

D'autres peignaient le nu vivant, il peignit l'âme.
Il prit le corps aussi, l'argile avec la flamme,
Adam, Ève à la fois sa compagne et sa sœur,
Les bras qui sont la force et qui sont la douceur,
Les flancs féconds et saints qui nourrissent le germe,
La jambe qui maintient l'homme debout et ferme ;
Mais la tête devint dans l'être, rude ou beau,
Le pur rayonnement et comme le flambeau.
Le front est plus puissant que l'épaule robuste ;
La pensée ennoblit les souplesses du buste ;
Le regard levé peut questionner les cieux.
Il fit des hommes grands, forts et silencieux,
Qui cherchent : leur pied dur interroge la voie ;
Dans l'inconnu profond leur prunelle se noie ;
Ils souffrent, ils n'ont pas de guide ; leur cerveau,
Troublé de l'ancien droit, demande le nouveau.
Ne sachant pas le nom dont l'avenir se nomme,
Ils réclament pour tous, pour la femme et pour l'homme.

Voilà la voix qui sort vibrante de ces murs,
Les princes de ce temps confus n'étaient pas mûrs
Pour savoir ce que c'est enfin que la révolte.
Il eut de Jules Deux l'éloge qu'on récolte

D'un juge violent qui paye avec de l'or.
Si ce pape eût bien vu Jonas, muet encor
De la vision qui lui renverse la tête,
Il eût eu peur du peintre autant que du prophète.
Le sage Ézéchiel dispute avec fureur ;
Un saint texte à la main, il rétorque l'erreur ;
Il ose soutenir que l'homme est responsable.
—« Nous sommes balayés du vent comme le sable... »
Jérémie, appuyé sur son genou tremblant,
Songe à cela : sa barbe est comme un ruisseau blanc.
Zacharie au front chauve interroge son livre,
Si grave, qu'on dirait qu'il y trouve : « Délivre! »
Isaïe aussi tient un livre ; ils lisent tous.
La vieille Persica lit ; elle tend vers nous
La maigreur du profil aigu que l'âge crée.
La Libyca se lève ; et celle d'Érythrée,
Superbe et grande, l'œil de rêves obscurci,
A rallumé sa lampe et sur un livre aussi
Demeure. Un peu plus loin la Delphica farouche,
Dont un souffle divin fait palpiter la bouche,
Brûlante de jeunesse antique et de beauté,
Parle presque, et regarde avec sérénité.

Ainsi revit, tordu d'un souffle de tourmente,
Tout l'Ancien Testament qu'un noir esprit commente,
Image du présent obscur et douloureux.
Michel-Ange souffrait et tressaillait pour eux,
Pour les vaincus, pour les maudits, pour les coupables.
Les princes sont méchants et froids ; ils sont coupables

De tout ; dans leurs festins, devisant de sonnets,
Ils se tournent, font signe au fer des lansquenets,
Et demain il se peut qu'on tue et qu'on viole !
Ils versent les poisons rapides de la fiole
Où s'allume le vin en rayons de soleil.
Tout cela, c'est horrible, et le ciel n'est vermeil
Que parce qu'il a l'ordre immuable de luire.
Fatigué de créer, l'homme rit de détruire.
Florence, la patrie adorée, est aux fers.
Son enfant doutera des cieux et des enfers ;
Mais du moins l'orgueilleux ne ploiera pas la tête.
Debout, il grandira l'homme pour la tempête,
Et, s'efforçant encor d'aider et de guérir,
Épouvanté du but, désirera mourir.

VIII.

Le Soldat d'occupation.

(Civita.)

Puisqu'il faut que l'on soit soldat, de laboureur
Qu'on était, d'ouvrier fournissant sans aigreur
La tâche pourtant plus rude que nourricière ;
Qu'on n'a pas demandé cela, que la poussière

Des routes ne convient qu'aux rêveurs éblouis,
Il voudrait bien tenir garnison au pays,
Dans n'importe quel coin d'une ville de France.
Là, du moins, on le voit avec indifférence;
Il n'a pas contre lui les choses et les gens,
Le silence de tout, les regards outrageants
Des femmes, l'air hautain des seuils et des fenêtres,
Et l'ennui de sembler à la solde des prêtres.
On le plaint même, et c'est quelque chose de plus.
Là, l'église aux deux tours, qui sonne l'Angelus,
Porte à son toit gothique, où court un fin grillage,
Un clocher qui ressemble à celui du village.
Le dimanche, un peu loin, sous le sentier couvert,
L'air agite l'odeur du grand feuillage vert,
Du feuillage connu des ormes et des chênes.
On va couper les foins, les moissons sont prochaines.
L'été le reconnaît, et lui parle tout bas;
Des hommes, souriant, qui marchèrent au pas
Comme lui, libérés à présent du service,
Lui disent: « Camarade, » ou bien : « Bonjour, novice. »
Il aime une servante en simple bonnet blanc.
Ils ont su qu'ils étaient pays en se parlant :
Elle a les yeux bleu clair, d'un bleu qui lui rappelle
La promise choisie et qu'il trouvait si belle.

IX.

La Ruine.

La ruine, ciment ou marbre,
Subsistera plus que nos corps.
Avril y pose des décors,
Fleurs du gazon et fleurs de l'arbre.

Chaude des rayons, sang vermeil,
Longtemps incorruptible et forte,
Elle dresse son front de morte,
Que baise encore le soleil.

La lumière s'est retirée
Des yeux des cintres demi-clos,
Mais la colonne est en repos
Sur sa base presque enterrée.

Sur le ciel lent à se ternir
Le pur contour palpite et tremble.
La ruine vit toute; il semble
Qu'elle ne veuille pas finir.

Rebelle au temps, la brute énorme
N'a de la terre qu'aux genoux ;
Elle est plus tenace que nous :
Un beau trait a gardé sa forme.

Ainsi les âges passeront
Glorieux ou vils, et la foudre
Mettra, sans la réduire en poudre,
Un signe de flamme à son front.

Cependant les os blancs des races,
Restes des corps jeunes et beaux,
Auront disparu des tombeaux,
Pâture des siècles voraces.

Si la vie est ravie aux morts,
Ils demeurent rêve ou pensée ;
L'herbe sur la forme effacée
Peut pousser haute sans remords.

X.

Le Mercure.

Vatican.

Les anciens Grecs voulaient qu'on honorât le corps.
Il n'est pas vil, il a la grâce des accords ;
Une juste harmonie y mesure la force.
Comme le chêne emplit et presse son écorce,
L'homme a le sang divin dont le jet tend la chair.
L'âme n'est qu'une flamme et n'est qu'un don plus cher :
Il faut à ce rayon un bel abri d'argile.
Dans un contour meilleur court mieux le souffle agile.
L'esprit est idéal : il est aussi réel.
L'appui d'un pied nerveux dresse plus près du ciel
Les flancs sacrés, le cœur gonflant l'ampleur du buste,
Et le front, pur sommet de la tête robuste.

XI.

La Campagne.

I.

Voie Appienne.

Nos poumons haletaient et ne respiraient pas.
La chaleur rayonnant du sol humide et bas,
Tombant du ciel, stagnante ou soufflée en effluves,
Semblait faite de l'air torride des étuves.
L'eau, par flaques, luisait entre les grands roseaux.
Les arbres étaient gris, sans ombre, sans oiseaux :
L'arbre privé de nids n'a plus que des murmures.
C'était dans la saison des larges feuilles mûres ;
Mais la terre se lasse, et tout ce champ romain
Étouffe pour avoir bu trop de sang humain.
Propice au vil essaim des mouches importunes,
Un midi lourd faisait craquer les herbes brunes.
Comme une chaîne rouge et faite de tombeaux,
Pendaient au bord des murs étroits de grands lambeaux
Accordant sur le ciel leur ruine inégale.
Quelquefois un bouquet de roses du Bengale

Témoignait de la vie et rappelait l'été.
C'était tout : l'épaisseur du silence eût porté
La voix au loin ; un vague effroi scellait la bouche.
La mort tiède semblait sourdre du sol farouche.

II.

Place Saint-Jean de Latran.

La grande place en face : à gauche la chapelle
De Constantin ; un rang de hêtres qui rappelle
Les bois ; à peine un peu de vie : un vieux berger
Qui passe indifférent à ce que l'étranger
Le regarde, ou demeure à sa pensée, ou lise ;
Et puis la mort toujours, la ruine ou l'église ;
A cent pas, l'aqueduc de Claude, géant mort,
Enjambant la campagne, encor debout et fort.
Sur le sol déjà haut l'aide de quelques marches
Permet de voir au loin courir les rouges arches.
Au-dessous, vers les deux côtés de l'horizon,
La grande vague bleue et rousse du gazon,
Tourmentée, abaissant et soulevant ses ondes.
Cette plaine a connu les tempêtes profondes.
Comme les océans, à fouiller ce tombeau,
On trouverait ce qui fut vil, ce qui fut beau :
Des chevaux et de l'or, des armes et des races.
Mais la nature, en vain empreinte de ces traces,
Couvre de sa beauté l'outrage de nos pas.

Elle est hautaine et grave, et ne se livre pas ;
Elle a le pur secret du style et de la forme ;
Son lit d'herbe est assez large pour qu'on y dorme ;
C'est plus loin, vers les doux monts, qu'elle sourira ;
Le regard bleu du lac d'Albano s'ouvrira,
Joyeux des beaux lauriers-roses et des olives.
Sculpturales d'ici, lignes pures et vives,
Perfection de grâce austère et de beauté,
Les montagnes, au bord charmant du ciel d'été,
Se dressent au-dessus de nos âges débiles,
De vingt siècles de mort gardiennes immobiles.

XII.

Terni.

Rivales de cent ans, rivales tous les jours,
Se disputant le rang autrement qu'en discours,
Les villes de l'Ombrie à l'air assez peu tendre
Montaient sur les coteaux afin de se défendre.
L'Apennin devenait la cuirasse et le mur.
Entre l'olivier pâle et le cyprès obscur,
L'œil tendu par la peur, aiguisé par la haine,
Inspectait la montagne opposée et la plaine.

Nul pied n'eût dérobé ses pas sur le chemin.
Il fallait en ces temps veiller aux coups de main.
Et, comme un rien tentait l'arquebuse des reîtres,
Les maisons regardaient par d'étroites fenêtres.

Pour qu'Assise traitât Trévi comme une sœur,
La terre vainement épuisait sa douceur.
Terni, cygne égaré dans un âge sans règle,
Sur les rocs eut aussi son aire comme un aigle,
Pourtant elle a du ciel un éternel été;
Le soir, elle s'endort après avoir chanté.
Toute la nuit, après tout le jour, des voix douces
Bercent la nudité des faunes sur les mousses.
Le rêve, malgré soi, remonte aux jours anciens.
C'est l'églogue, l'accord des bois musiciens
Avec l'onde sur qui leur chevelure penche;
La nymphe vers les bords immaculée et blanche;
Le cytise flexible et le dur oranger;
Les chèvres écoutant la flûte du berger;
Tous les vieux dieux enfin revenus, et Virgile
Aux roseaux du grand Pan réglant le mètre agile.

FLORENCE

FLORENCE

I.

L'Arrivée.

Après Saint-Pierre, après les arcs, le Colisée,
La pompe chancelante et la grandeur brisée,
Après l'air chaud baignant la campagne de mort,
Où passent quelquefois près d'un berger qui dort
Des femmes d'Albano, de loin rouges et blanches,
O bois où l'olivier frêle courbe ses branches
Pour qu'on voie au-dessus les purs sommets bleuir!
Brise de la Toscane, à qui mon souvenir
Confie encor la fleur intime de ses rêves;
Vie auguste, printemps de la terre, et vous, sèves,

Qui faites le fruit rose, et l'épi blond et mûr,
Maisons de l'homme, treille épaisse au front d'un mur;
Loggia délicate et de main florentine
Que la grande bonté du beau ciel bleu destine
Aux poëtes épris d'art fort, libre et vermeil,
Je vous salue, ô gloire ardente du soleil!

II.

Paysage toscan.

Coteaux fins aux grands cyprès noirs,
Pour faire vos gammes exquises,
Vous n'avez pas besoin des soirs
Ni des aurores indécises.

Dans les claires heures de jour,
Vous dressez, couronné de vignes,
Vers le ciel tendre avec amour,
Votre front grec aux belles lignes.

Sereins et purs, point élevés,
Votre harmonie où l'azur flotte
Déroule les tons gris perlés
Dont l'olivier donne la note.

Clair frisson frais des murs rosés!
Parmi les fleurs pleines d'abeilles
Vibrent ainsi que des baisers
Des lueurs frêles et vermeilles.

L'église de San Miniato,
Pierres moitié noires et blanches,
Crève, lumineuse, un manteau
D'aiguilles de pins et de branches.

L'Arno, comme teinté de sang,
Du sang d'une éternelle aurore,
Va sous vos pieds, souple, glissant
Vers le couchant qui se colore.

Fermant l'horizon comme un mur,
Les montagnes ensoleillées
Donnent l'accord du rhythme pur
Aux grandes strophes réveillées.

III.

L'Arno.

Les ciels d'été n'ont pas ces légers pleurs de pluie,
Qu'un souffle amasse et verse, et qu'un rayon essuie,
Pleurs d'avril apaisés avant que de finir,
A travers qui l'on voit l'azur poindre et bleuir.
Des nuages profonds, avec un bruit d'alarmes,
Il pleut des gouttes d'eau chaudes comme des larmes.
Le ciel comme un poumon halète; et, sans l'éclair,
Convulsion et spasme effroyable de l'air,
On dirait que la vie invincible et sacrée
Va finir, par langueur du monde retirée.
Mais la bonne nature est le dieu sans courroux.

Cependant, bouillonnant, tumultueux et roux,
Le fleuve s'enfle ainsi qu'une veine trop pleine;
Ici les quais lui font obstacle : mais la plaine,
Mais les douces moissons et les berges de fleurs,
Les saules dont la brise agite les pâleurs,
Les lointains verts, si beaux hier au crépuscule,
La petite maison au pied du monticule,
Et le champ de maïs, et les étroits vergers,
Tout fiers du doux parfum de leurs plants d'orangers;

L'héritage attendu sans hâte que l'aïeule
Cultive pour un fils, lointaine, toute seule;
O fleuve, épargne-les! Tu n'as pas ce destin
De détruire, étant grand et fort. L'autre matin,
Tu semblais une coupe aux bords ourlés de moire,
Où les coteaux, du bout des pentes, venaient boire.
Sois clément; redeviens le fleuve aux flots hardis,
Qui connut, il est vrai, beaucoup de maux jadis,
Où tremblent les murs peints des villas demi-closes,
Le fleuve des Cascine et des beaux lauriers-roses;
Va vers la mer, sans perdre et sans détruire rien,
Et sans mêler le bruit de nos douleurs au sien.

IV.

Le Vieux Palais.

Les logis d'autrefois sont comme les aïeux.
Parce qu'ils sont d'un goût ancien et qu'ils sont vieux,
On les tolère ainsi qu'une chose incommode.
Leur tournure n'est pas à la nouvelle mode,
Ils sont lourds et couverts de rides. L'on dirait
Qu'ils ont une âme en qui demeure le secret
Des temps où l'on était, en maintes équipées,
Grands disputeurs de mots et grands porteurs d'épées;

Comme des yeux petits et noirs, mais qui voient clair,
Leurs fenêtres, parmi les grillages de fer,
De face et de côté veillent à l'embuscade.
C'est que plus d'un cri sourd suit plus d'une estocade,
Le soir, quand, dans la rue étroite où rien ne luit,
L'acier, pour un soupçon, guette l'homme et le suit ;
Et la porte où le fer fleuronne en broderie
Était contre la hache et la flamme aguerrie.

Le palais le plus sombre et que j'aimais le mieux,
A Florence, c'était peut-être le plus vieux :
Mais c'était sûrement, près des maisons débiles,
L'un des plus fastueux et des plus immobiles.
Un Strozzi le paya de ses livres d'argent ;
Mais son goût fin n'y mit pas de luxe outrageant.
Comme le chêne cache un cœur sous son écorce,
L'art charmant revêtit l'armure de la force ;
Le palais fier était au-dessus de l'affront :
Pollajuolo posa pour couronne à son front
Une corniche haute et de grâce infinie,
Pur relief au-dessus d'une muraille unie ;
Et, pour que la nuit même, on connût son orgueil,
Des lanternes de fer veillèrent sur le seuil.

Oh ! les grands démêlés des factions épiques !
Les dagues au soleil et les éclairs des piques ;
Mousquets contre couteaux, nobles contre vilains,
Et les Guelfes en sang comme les Gibelins :
Puis le rose retour inattendu des fêtes,

L'oubli qui suit les maux dont les choses sont faites;
Après l'ombre sans fin le sourire des jours,
Les pourpoints d'or mêlés aux robes de velours,
La finesse des mots que le regard aiguise,
Les amours délicats que l'on noue à sa guise,
La fontaine qui chante auprès des cyprès verts,
Les lèvres que l'on baise ou qui disent des vers,
Et, masque d'acier froid dans une pourpre ardente,
Sur ce fond clair et bleu la figure de Dante.

V.

Les Cyprès.

Au-dessus des lauriers-roses,
Les cyprès, feuillage obscur,
Ont l'air grave, presque dur;
Mais ils ne sont pas moroses.

Ils vont bien aux jardins verts
Où l'eau pleure dans des urnes;
Contre leurs fûts taciturnes
Les poëtes font des vers.

Ils n'ont pas d'oiseaux sonores,
Mais Dante près d'eux songeait.
Ils s'élancent d'un seul jet
Dans la flamme des aurores.

Le désir d'infini bleu
Qui tourmente les grands arbres,
Les laisse parmi les marbres
Sereins et droits, en leur lieu,

Leur ramure n'est sujette
Qu'aux tonnerres de l'été
Proche de l'immensité,
Elle en demeure muette.

VI.

Le Sanglier.

Bel Art ancien, épris de la vie, Art auguste,
Pour qui posaient l'éphèbe ou la vierge robuste,
Les nymphes au pied blanc, les faunes ingénus,
Et tout le jeune chœur des dieux charmants et nus;
Qui, radieux encor de l'aurore première,
Comme un regard t'ouvrais à la douce lumière,

Je t'aime et te conçois. L'agile puberté,
Dans la grâce éternelle un beau geste arrêté,
Les yeux pour l'action levés sereins et calmes,
Les fronts ceints de lauriers, les mains tenant des palmes,
Les poitrines soufflant un souffle sain et pur,
Le pas harmonieux qui tend le jarret dur,
La vie enfin, la vie en tous les corps bénie,
Étaient ta noble foi, ta force et ton génie;
Et pourvu que le sang, comme un subtil ressort,
Fît saillir et jouer les muscles sans effort,
Tu sculptais, souverain hommage de la forme,
Aussi bien que Vénus, l'homme et la bête énorme.

Le sanglier superbe est à l'ombre, au repos :
La soie épaisse et rude en touffes sur son dos
Se hérisse au toucher de la brise. Sa hure
Épie indolemment et quête le murmure
De la grande forêt sonore d'ægipans.
Il n'a pas peur des bruits dangereux et rampants :
Il connaît l'antre sûr où l'on gîte, et le fleuve
Où vers le soir la soif du centaure s'abreuve.
Le monstre bien repu sait où boire et dormir :
— Mais toi, chasseur, de qui la course fait frémir
À peine le gazon, et qui comptes sur elle,
La tête fauve où luit la sauvage prunelle
Fera couler de ses crocs blancs ton sang vermeil :
Et ton corps, étendu comme dans un sommeil,
Sur l'herbe, sans adieu, ne verra pas l'aurore
Aux longs abois des chiens qui t'appellent encore.

VII.

Aux Artistes du XVe siècle.

Les Précurseurs.

Ombre encore, essor incertain,
L'aube naît à peine vermeille.
Maître, votre aube fut pareille
Au crépuscule du matin.

La lumière mal assurée
Aux formes vagues du contour
Annonce, bien avant le jour,
L'effusion démesurée.

Les demi-teintes au ton pur
Filtrent au travers de leurs voiles
La nacre blanche des étoiles
Sur un fond d'or mat et d'azur.

On vit d'abord une colline,
Des groupes mystiques et froids;
Au-dessus, Jésus mis en croix,
Dont la tête pâle s'incline.

L'astre montait : ce fut plus bas,
Parmi les cloîtres, sur les dalles
Les fronts collés, ou les sandales
Des vieux moines qu'on n'entend pas.

Puis vers une gloire inconnue
Dans la pourpre de son réveil
L'Art jaillissant comme un soleil
Baisa la vie ardente et nue.

VIII.

Fra Angelico de Fiesole.

L'aube claire, presque sans voiles,
Sur Saint-Marc laisse des étoiles,
Et puis les chasse en souriant.
La plus frêle a fui la première;
Des pulsations de lumière
Battent au bord de l'Orient.

Les cloches ont sonné Matines.
En longues prières latines
Tous les moines ont loué Dieu.
Leurs visages aux yeux crédules,

Collés aux vitres des cellules,
Contemplent, pâles, le ciel bleu.

Pour sa piété nommé l'Ange,
L'un d'eux reçut la grâce étrange
De peindre la Vierge et les saints.
A ce cœur simple révélée,
La vision immaculée
S'incarne dans ses purs dessins.

Il peint. Dolente, sans haleine,
Au pied de la croix, Madeleine
Souffre ; et la mère aux Sept Douleurs,
Ascétique, roide et glacée,
N'a rien d'humain que la pensée
Et rien de vivant que les pleurs.

Sur le fond d'or des mosaïques,
Les séraphins font des musiques,
Les belles musiques du ciel.
Ils ont des lèvres sans paroles,
Les yeux levés, des auréoles,
Et des cheveux couleur de miel.

Et le prieur en robe blanche
Derrière le frère se penche,
Ravi du mystique concert ;
Et, par crainte, se signe et prie,
Croyant voir la vierge Marie
Sourire à celui qui la sert.

IX.

Devant un tableau de Corrége.

La beauté se discute et ne vaut pas la grâce.
Ma pensée est rêveuse à son heure, et se lasse
Des hauteurs d'où le jour tombe en trop de clarté.
La grâce est le rayon frêle de la beauté :
Telle une lèvre a pour aurore le sourire.
La grâce a des douceurs charmantes à vous dire,
Et, sans tant raisonner, bien que chère à l'esprit,
Comme un éclair divin elle étincelle et rit.

X.

Benvenuto.

Le Persée.

Maître, sur les parois étroites
De tes rares aiguières d'or,
Tu ciselais dans un décor
Les grandes nymphes toutes droites.

Rapetissée à ce travail
De réticence et de mesure,
Ta main heurtait son envergure
Aux cloisons frêles de l'émail.

Et pendant ce temps ta pensée,
Pleine du ciel grec radieux,
Rêvait parmi les demi-dieux
Au plus beau de tous, à Persée;

Si bien qu'un jour il s'y dressa,
Tout-puissant de force et de ruse,
Tenant la tête de Méduse;
Et ton œuvre entier s'effaça

Devant ces paupières ouvertes
Qu'il baisse avec tranquillité,
Et le froid dédain arrêté
Aux lignes de ses lèvres vertes

XI.

Devant un tableau des Heures.

Point mobile du temps, le présent se mesure
A la sensation immédiate et sûre,
Au geste que je fais, comme au désir que j'ai,
Au clair et pur rayon d'un regard échangé.
C'est le moment précis éclos pour disparaître;
L'instantanéité qui me prouve mon être;
Et, plus haut que l'essor de notre esprit pesant,
Le temps demeure, et c'est un éternel présent.

XII.

Les Maîtres inconnus.

Les vieux maîtres anciens, sur la toile ou le fer,
Inscrivaient de leurs mains augustes et hautaines
Leur nom, pour qu'on le sût dans les races lointaines.
Signer leur œuvre était pour eux un souci cher.

D'autres, dont l'art moins haut n'a pas connu l'enfer
De l'orgueil, soldats forts près des grands capitaines,
Ont passé comme va l'eau paisible aux fontaines,
Comme vont les doux bruits se perdre dans la mer.

Une religion de Grèce était qu'un temple
Fût aux dieux inconnus dressé. Le ciel est ample,
Et l'on n'offensait pas Aphrodite aux seins nus!

Aussi ferai-je d'eux que plus rien ne renomme :
Pour ravir leur mémoire aux vains oublis de l'homme,
Je dresserai ces vers aux maîtres inconnus.

XIII.

Campo Santo.

Les pauvres morts! J'ai vu leur ciel
Qui garde pour nous ses aurores.
Des abeilles faisaient leur miel,
Dans les ifs, frêles et sonores.

J'ai vu des ouvrages si beaux
Que l'harmonie y tenait toute :
Mais j'ai partout sur des tombeaux
Ramené mon rêve et ma route.

Faits de vide, pleins d'appétits,
De vagues flammes aux paupières,
Tous les vivants étaient petits.
Les grands reposaient sous leurs pierres.

O la race des siècles forts
Et les débiles que nous sommes !
Pourtant j'ai, par effroi des morts,
Salué la vie en ces hommes !

XIV.

A Fiesole.

Le souvenir est comme un peintre exact et fin,
Un voyant délicat des choses de la grâce,
Qui place dans son jour le cher modèle, afin
Que le trait soit plus sûr et la touche plus grasse.

Blanche douceur du cygne en des contours nerveux,
L'image devant lui pose dans un sourire,
Belle de rien, d'un bout de soie à ses cheveux ;
Le poëme est tout fait, il n'a plus qu'à l'écrire.

Et l'artiste, le peintre ou le bon souvenir,
Qui n'imagine pas la lumière ternie,
Oubliera le défaut ou le fera tenir
Dans les proportions mêmes de l'harmonie.

XV.

La Rencontre.

Ce jour-là, l'accident fut la chose ingénue
Et charmante. J'étais las de la forme nue,
Las des vierges et las du passé. La beauté
Se rencontre au penchant des collines, l'été,
Dans la petite fleur de dentelle et de moire,
Qui, fragile et sans nom, tremble dans la mémoire ;
Dans un enfant pieds nus, les cheveux dans les yeux.
J'allais, ne cherchant rien de grand, et trouvant mieux ;
Buvant comme un vin pur la minute présente.
Le ciel versait au cœur la flamme bienfaisante.
Au coude du chemin, trois rieuses, trois sœurs,
Dont le front rose avait de malignes douceurs,
Et qui, seules, faisaient du bruit sur la colline,
Frisson clair et léger de blanche mousseline,
Des lèvres et des yeux se montrèrent ce fou,
Cet étranger venu de loin, on ne sait d'où,

Qui marchait comme on rêve et regardait les femmes.
Ce fut sous les cils bruns un échange de flammes,
Trahi par les éclats d'un grand rire joyeux.
Aussi bien qu'un salut, ce furent les adieux,
Et leur rire disait : « La plaisante victoire !
Le voilà qui sourit, et ne lit pas l'histoire ! »

XVI.

Une Vieille Gravure.

Savonarole.

OEuvre sans passion d'une âme sans élan,
Une ancienne gravure aussi sèche qu'un plan
Rompt de ses tons jaunis le gris froid des murailles.
O pâle souvenir des rouges funérailles !
La place des Seigneurs est exacte à souhait.
Voici le palais vieux dressant sur ce forfait,
Sur l'éclair du bûcher tracé d'une main lente,
L'impassible hauteur de sa tour ressemblante ;
A droite, la Loggia montre l'effet subtil
Du Persée esquissant un geste de profil,
Et, sous les fins piliers, sveltes comme des arbres,
Les bronzes durs heurtant l'âme blanche des marbres.

L'autre côté n'est pas moins net. Quant au sujet,
Quant au drame de flamme à qui mon cœur songeait,
Au premier plan, plus noir un peu pour la distance,
C'est le même relief, et, sans autre importance
Que le soin dont on fouille un détail gracieux,
Le bûcher incisé d'un trait minutieux ;
Des groupes sans valeur de geste ou d'attitude,
Foule maigre qui fait grande la solitude
Du moine brûlé vif et du peuple hagard,
Ne sachant plus s'il doit réjouir son regard
De cette fête à longs cris fauves demandée.
On dirait que la main insulte ici l'idée ;
Mais ce pauvre travail d'aptitude ou d'effort
Laisse mieux jusqu'à moi monter l'âme du mort.

Grand mort ! artisan rude et fort de la pensée ;
Qui ne daignais pas voir l'Église courroucée,
Et qui, malgré la foi qui fait confesser Dieu,
Prêchais la liberté dans ton verbe de feu !
La liberté, quand tout prédit obéissance,
Quand l'inceste papal et la toute-puissance
Du crime s'étalaient dans la pourpre, au-dessus
De la sérénité des vrais cieux aperçus ;
Qui, comme un fer sacré, brandissais la parole ;
O Lombard, ô Toscan chaste, Savonarole,
Tu mourus ! Mais le feu de ton sombre bûcher
Rejaillit sur ton siècle impie, et vint lécher,
Pour les purifier au toucher de sa flamme,
L'orgueil de tous ces fronts, pâles d'un cœur infâme.

Ainsi l'homme parfois dans les âges de fer
S'élève et disparaît comme un dieu sous l'éclair
Des supplices, crevant de son jet la nuée.
La race en est longtemps vide et diminuée.
Elle n'efface pas leur sillon hasardeux,
Et, n'osant en parler, elle se souvient d'eux.

XVII.

Le Peuple.

A Naples, les pieds au soleil,
Les lazzarones ont sommeil :
Ils dorment couchés sur les marbres ;
Ayant pris, pour vivre de peu,
Des poulpes dans leur golfe bleu
Et des oranges dans les arbres.

A Venise, l'air est léger ;
Un peu moins de fruits d'oranger
Pour la lèvre ou pour la narine ;
Le batelier y dort aussi,
Mais prêt à mener sans souci
Sa barque dans l'odeur marine.

A Rome, le vieux peuple fier
Suppute le ciel et l'enfer,
Somnolent dans trois cents églises.
C'est l'extase du rêve encor :
L'ombre grandit les flambeaux d'or ;
Les vierges peintes sont exquises.

A Florence, plus près du cœur,
Le sang de la race est vainqueur
De cette vaine léthargie ;
Sous le vivant soleil d'été,
L'homme aspire la liberté
Dans une poitrine élargie.

XVIII.

A l'Italie moderne.

Je n'ai pas su tenir assez haut ma pensée :
C'est qu'en ouvrant les yeux, ma vue était blessée
Par les langueurs sans fin qui tombent de ce ciel.
J'écoutais, et c'était, aussi doux que le miel,
Le frêle rhythme d'or des voyelles charmantes.
Dangereuse vertu des brises endormantes !
Tout devenait la halte ombreuse du chemin.

Comme un oiseau captif qui tremble dans la main,
Le rêve palpitait, chaleur de ma paupière.
Le sang vivant des dieux dans leurs veines de pierre,
Jeunes et blancs, du fond du passé revenus,
Les Apollons montraient leurs beaux corps aux Vénus.
D'aimer encor l'Olympe exquis rien ne nous garde :
Les morts me disaient : « Songe, » et le passé : « Regarde. »
J'ai regardé : j'ai vu des files de tombeaux,
L'orgueil romain épars dans sa pourpre en lambeaux,
Et les siècles vannés ainsi qu'une poussière
Étouffer en montant la ville carnassière ;
Et puis, un art plus grand fait par de plus grands morts,
Ces hommes d'Italie, âpres, hardis et forts :
Après les doux, après les rudes, tous les autres,
Et, comme la parole aux lèvres des apôtres,
L'art transmis par la loi de race et de milieu,
Et tous les fronts porteurs d'une langue de feu.

Pendant qu'ainsi vers moi montait l'essaim des rêves,
Les heures s'écoulaient profitables et brèves ;
Après la nuit des morts, je contemplais le jour,
L'harmonie arrêtée aux lignes du contour,
Les blonds enfants Jésus aux bras des saintes Vierges,
Grâce presque effacée à la lueur des cierges.
J'étais hanté de l'art radieux et vainqueur ;
Le passé bouillonnant refluait à mon cœur ;
Vers ces azurs sereins mon âme était ravie,
Et mes yeux se fermaient aux aspects de la vie.

Pardonnez-moi, vous tous qui passiez près de moi,
Qui des grands-ducs chassés ne gardez que l'effroi.
Hommes, pardonnez-moi; pardonne-moi, patrie.
Tu n'es pas lasse ainsi qu'une femme flétrie
De l'amour odieux des maîtres, et debout,
Tout sang vivifié bat tes veines et bout;
Ton avenir n'est pas de baiser des reliques;
Tu connus ce que sont les belles républiques.
Tu sauras avant nous, de tes bras fiers et beaux,
Du charnier séculaire écarter les corbeaux,
Restituer Venise et ressusciter Rome,
Et revenir à l'art par le souci de l'homme.

TABLE

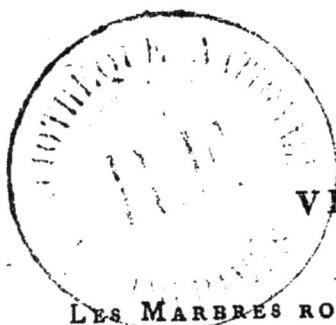

VENISE.

NAPLES.

ROME.

FLORENCE.

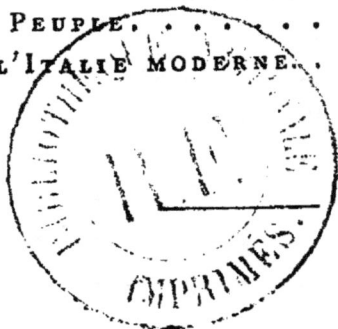

IMPRIMÉ PAR J. CLAYE

POUR

A. LEMERRE, LIBRAIRE

A PARIS

PETITE BIBLIOTHÈQUE LITTÉRAIRE
(CLASSIQUES FRANCAIS)

Volumes in-8º écu, imprimés sur papier de Hollande.
Chaque volume (*la Pléiade* exceptée), 10 fr.

LA
PLÉIADE FRANÇOISE
(XVIᵉ SIÈCLE)

RONSARD, DU BELLAY, REMI BELLEAU, JODELLE
BAÏF, DORAT, ET PONTUS DE TYARD
Avec Notes & Glossaire
Par CH. MARTY-LAVEAUX
15 vol. in-8º écu, portraits.
Chaque volume, tiré à 250 exemplaires, 25 francs.
Les quatre premiers volumes sont en vente.

RABELAIS
(Œuvres complètes)
Avec Notes & Glossaire par CH. MARTY-LAVEAUX
5 vol.
Les deux premiers volumes sont en vente.

LA BRUYÈRE
(Caractères)
Avec Notice & Notes par CH. ASSELINEAU
2 volumes avec portrait.

EN PRÉPARATION :
Montaigne. — Agrippa d'Aubigné. — Villon. — Regnier.
Corneille. — Molière. — Racine.
La Fontaine. — Boileau. — Bossuet. — Fénelon. — Pascal.
La Rochefoucauld, &c., &c., &c.

---

*Il est fait, de cette collection, un tirage sur grand papier
au prix de 25 fr. le volume sur papier de Hollande; 40 fr. sur
papier de Chine & 40 fr. sur papier Whatman.*

I.

PETITE BIBLIOTHÈQUE LITTÉRAIRE

(AUTEURS ANCIENS)

Volumes petit in-12 (format des Elzévirs)
imprimés sur papier de Hollande.
Chaque volume : 4 fr. & 5 fr.

*Chaque ouvrage est orné d'un portrait-frontispice
gravé à l'eau-forte.*

LA FONTAINE. *Fables*, avec une notice & des notes par
M. A. PAULY. 2 volumes (épuisés).

— *Contes*, avec des notes par M. A. PAULY.
2 volumes (épuisés).

REGNIER. *OEuvres complètes*, publiés par E. COURBET.
1 volume (épuisé).

LA ROCHEFOUCAULD, textes de 1665 & de 1678,
publiés par CH. ROYER. 1 volume. . . . . 4 fr.

MANON LESCAUT. 1 volume. . . . . 4 fr.

BEAUMARCHAIS. *Théâtre* (le Barbier de Séville). 1 vol. 4 fr.

DAPHNIS ET CHLOÉ, avec notice par E. CHARAVAY,
1 volume. . . . . 5 fr.

ŒUVRES COMPLÈTES DE MOLIÈRE, tome 1er. . . . . 5 fr.

— — — tome 2. . . . . . 5 fr.

En préparation :

Molière. — Voltaire (*Romans & Contes*). — Corneille.
Boileau. — Racine. — Paul Louis Courier. — La Bruyère.
Hamilton. — De Maistre. — Hégésippe Moreau.
Shakespeare, traduction de F.-V. Hugo.
Les ŒUvres d'Horace, traduites par Leconte de Lisle.
Le Mariage de Figaro. — Boccace.
Paul & Virginie. — *Voyages de Gulliver*.
Robinson Crusoé. — *Don Quichotte*. — *La Princesse de Clèves*.
Marianne. — &c., &c., &c.

Il est fait un tirage sur papier Whatman, au prix de 20 fr. le vol.
& 25 fr. le vol. sur papier de Chine.

PETITE BIBLIOTHÈQUE LITTÉRAIRE
AUTEURS CONTEMPORAINS.

Volumes petit in-12 (format des Élzévirs)
imprimés sur beau papier vélin teinté
Chaque volume : 5 fr. & 6 fr.
*Chaque ouvrage est orné du portrait de l'auteur
gravé à l'eau-forte.*

FRANÇOIS COPPÉE. Poésies (1864-1869). 1 volume.   5 fr.
—   —   Théatre (1869-1872). 1 vol...   5 fr.
THÉODORE DE BANVILLE. Poésies (1870-1871). *Idylles
prussiennes.* 1 volume........................... 5 fr.
ANDRÉ LEMOYNE. Poésies (1855-1870). *Les Charmeuses.—
Les Roses d'antan.* 1 volume.................... 5 fr.
JOSÉPHIN SOULARY. Œuvres poétiques (1845-1871).
Sonnets. 1 volume............................ 6 fr.
—   —   *Poëmes et Poésies.* 1 volume... 6 fr.
SULLY PRUDHOMME. Poésies (1864-1865). 1 vol.   6 fr.
—   —   Poésies (1866-1869). 1 vol.   6 fr.
Anthologie des poëtes français depuis le XVIᵉ siècle
jusqu'à nos jours. 1 volume.................... 6 fr.

SOUS PRESSE :

Les Stalactites, par Théodore de Banville,
Le second volume des Œuvres poétiques de Joséphin Soulary,
L'Ensorcelée, par Barbey d'Aurevilly,
et les Œuvres de Léon Gozlan.

---

*Il est tiré quelques exemplaires de cette collection sur papier
de Hollande, sur papier Whatman et sur papier de Chine.*

BIBLIOTHÈQUE D'UN CURIEUX.

Volumes in-12 écu, imprimés sur papier de Hollande.
Chaque volume : 5 fr. & 7 fr. 50.

Les *Contes de* POGGE, traduits par M. RISTELHUBER.
1 volume (épuisé).

FERRY JULYOT. *Les Élégies de la belle fille lamentant
sa virginité perdue,* avec introduction & notes par
E. COURBET. 1 volume (épuisé).

*Poésies diverses attribuées à Molière ou pouvant lui être
attribuées,* recueillies & publiées par le BIBLIOPHILE
JACOB. 1 volume . . . . 5 »

Les Dialogues de TAHUREAU, avec notice et index, par
F. CONSCIENCE. 1 vol. 7 50

*Les Gayetez d'*OLIVIER DE MAGNY, avec notice par
E. COURBET. 1 vol. . . . . 5 »

EN PRÉPARATION :

Les Comptes du monde aduantureux.

Les Serées de GUILLAUME BOUCHET, sieur DE BROCOURT.

Les Matinées de CHOLIÈRES.

Contes & joyeux devis, par BONAVENTURE DES PÉRIERS.

Le Cymbalum mundi, par BONAVENTURE DES PÉRIERS.

&c., &c., &c.

*Il est tiré quelques exemplaires de cette collection sur
papier de Chine, au prix de 25 fr. le volume.*

LETTRES INÉDITES
DE DIANNE DE POYTIERS
Publiées par G. GUIFFREY.

Un beau volume in-8°, imprimé par PERRIN,
sur papier teinté. — Prix : 30 fr.

PROCÈS CRIMINEL
DE JEHAN DE POYTIERS
SEIGNEUR DE SAINT-VALLIER

Introduction & Notes par G. GUIFFREY.

Un beau vol. in-8°, imprimé par Claye. — Prix : 30 fr.

POËME INÉDIT
DE JEHAN MAROT
Avec une Introduction & des Notes par G. GUIFFREY.

Un beau vol. in-8°, imprimé par PERRIN. — 15 fr.

Notices biographiques sur les Trois Marot, par G. COLLETET, pre-
cédemment transcrites d'après le manuscrit détruit dans l'incen-
die de la Bibliothèque du Louvre, le 24 mai 1871, et publiées
pour la première fois par G. GUIFFREY. 1 vol. imprimé par
J. CLAYE. . . . . 5 fr.

SOUS PRESSE :

Œuvres complètes de Clément Marot, avec notes, variantes & un
grand nombre de vers inédits, publiées d'après les manuscrits
originaux, par G. GUIFFREY. — 6 vol. in-8°.

EN PRÉPARATION :

Conjuration & fuite du Connétable de Bourbon. — 1 vol. in-8°.
Lettres inédites d'Antoinette de Bourbon, mère des Guise. —
1 vol. in-8°.

ŒUVRES COMPLÈTES

DE

LECONTE DE LISLE

HOMÈRE. ILIADE, traduction nouvelle en prose. 1 vol. **7 50**

— , ODYSSÉE, HYMNES, ÉPIGRAMMES, BATRAKHO-
MYOMAKHIÉ, traduction nouvelle en prose.
1 vol. in-8° **7 50**

HÉSIODE. HYMNES ORPHIQUES, THÉOCRITE, BION, MOS-
KHOS, TYRTÉE, ODES ANACRÉONTIQUES,
traduction nouvelle. 1 vol. in-8° **7 50**

ESCHYLE. Œuvres complètes, traduction nouvelle en
prose. 1 vol. in-8° **7 50**

POËMES BARBARES, édition définitive, considérablement
augmentée. 1 vol. in-8° **7 50**

En préparation :

HORACE, texte et traduction.
VIRGILE, texte et traduction.
POËMES ANTIQUES, nouvelle édition, entièrement refondue
POËMES TRAGIQUES. CROISADES & JACQUERIES.
LES ÉTATS DU DIABLE, poëme.
SOPHOCLE, traduction nouvelle.
EURIPIDE, traduction nouvelle.

*Il est tiré quelques exemplaires des ouvrages de Leconte de Lisle
sur papier de Hollande,
sur papier Whatman et sur papier de Chine.*

ŒUVRES COMPLÈTES

DE

FRANÇOIS COPPÉE

Édition in-18 jésus, papier vélin.

POÉSIE

THÉATRE

ÉDITION ELZÉVIRIENNE

POÉSIES DE FRANÇOIS COPPÉE (1864-1869)

(*Le Reliquaire.* — *Intimités.* — *Poëmes modernes.*
La Grève des Forgerons.)

THÉATRE DE FRANÇOIS COPPÉE (1869-1872)

(*Le Passant.* — *Deux Douleurs.* — *Fais ce que dois.*
L'Abandonnée. — *Les Bijoux de la Délivrance.*)

*Il est tiré quelques exemplaires des œuvres de François Coppée sur papier
de Hollande, sur papier Whatman et sur papier de Chine.*

POETES CONTEMPORAINS.

Volumes in-18 jésus imprimés en caractères antiques sur beau papier vélin.
Chaque volume, 3 fr.

JEAN AICARD.	Les Jeunes Croyances.	1 vol.
— —	Rébellions, Apaisements.	1 vol.
J.-E. ALAUX.	Les Tendresses humaines.	1 vol.
THÉODORE DE BANVILLE.	Les Exilés.	1 vol.
— —	Nouvelles Odes funambulesques.	1 vol.
ÉMILE BERGERAT	Poëmes de la guerre.	1 vol.
C. ROBINOT-BERTRAND.	La Légende rustique.	1 vol.
— —	Au bord du fleuve.	1 vol.
ÉMILE BLÉMONT.	Poëmes d'Italie.	1 vol.
ARTHUR DE BOISSIEU.	Poésies d'un passant.	1 vol.
F. BOISSONNEAU.	Échos & Reflets.	1 vol.
PHILOXÈNE BOYER.	Les Deux Saisons.	1 vol.
ALFRED BUSQUET.	Représailles.	1 vol.
HENRI CAZALIS.	Melancholia.	1 vol.
FÉLIX CELLARIER.	Paris délivré.	2 vol.
CAMILLE CHABANEAU.	Poésies intimes.	1 vol.
ALEXIS DE CHABRE.	Boutades sur l'amour & le mariage.	1 vol.
FRANÇOIS COPPÉE.	Premières Poésies.	1 vol.
— —	Poëmes modernes.	1 vol.
— —	Les Humbles.	1 vol.
ÉMILE CORRA.	Jours de Colère.	1 vol.
PAUL DELAIR.	Les Nuits & les Réveils.	1 vol.
ÉMILE DESCHAMPS.	Poésies complètes.	2 vol.
LÉON DIERX.	Les Lèvres closes.	1 vol.
ÉLIE FOURÈS.	Ondeline.	1 vol.

PRIX DIVERS :

LE PARNASSE CONTEMPORAIN (1866). Recueil de poésies inédites des principaux poëtes de ce temps. 1 vol. grand in-8°, papier vélin. . . . . 8 »

LE PARNASSE CONTEMPORAIN (1869). Recueil de poésies inédites des principaux poëtes de ce temps. 1 vol. grand in-8°, papier vélin. . . . . 10 »

FRANÇOIS COPPÉE. *Intimités.* 1 vol. in-18. . . . . 1 50

CHARLES CORAN. *Dernières Élégances.* 1 vol. in-8°. . . . 6 »

ALBERT GLATIGNY. Poésies complètes (*Les Vignes folles.— Les Flèches d'or. — Le Bois*). 1 beau vol. in-18, papier teinté. . . . . 5 »

—   —   *La Presse nouvelle.* 1 vol. petit in-12 . . » 50

LOUISA SIEFERT. *L'Année républicaine.* 1 vol. in-18 jésus. 1 50

ÉDOUARD GRENIER. *Sémeia*, poëme, in-18 . . . . » 75

ALBERT MÉRAT. *L'Idole.* 1 vol. in-12 couronne, imprimé sur papier vergé. . . . . 2 »

ALBERT MÉRAT. *Souvenirs.* 1 vol. in-12 couronne. . . . . 2 »

ALBERT MÉRAT & LÉON VALADE. *Intermezzo,* traduction nouvelle, en vers. 1 vol. in-18. . . . . 1 50

PAUL VERLAINE. *Fêtes galantes.* 1 vol. in-12 couronne, papier vergé. . . . . 2 »

PAUL VERLAINE. *La Bonne Chanson.* 1 vol. in-12 couronne, papier teinté. . . . . 2 »

F. BARRÉ. *Poésies pour Alceste.* 1 vol. in-12 couronne, papier vergé. . . . . 2 »

ÉMILE GRIMAUD. *Chants du bocage vendéen.* 1 vol. in-18, illustré de 7 eaux-fortes par M. Octave de Rochebrune. 6 »

ERNEST D'HERVILLY. *Les Baisers.* 1 vol. petit in-12. . . . 2 »

LOUISE D'ISOLE. *Merlin,* poëme. 1 vol. in-18. . . . . . . 2 »

PAUL DEMENY. *Lied de la Cloche,* traduit de Schiller. 1 vol. in-12 couronne, papier teinté. . . . . 2 »

POEMES NATIONAUX

Volumes in-16, imprimés en caractères antiques sur papier teinté.

BIBLIOTHÈQUE DRAMATIQUE.

Volumes in-18 jésus, imprimés sur beau papier vélin.
Chaque volume, 3 fr.

SONNETS ET EAUX-FORTES

Un très-beau vol. in-4°, imprimé sur papier vergé des Vosges

PRIX, BROCHÉ : 100 fr.

(Quelques exemplaires seulement.)

Cet ouvrage n'a été tiré qu'à 350 exemplaires.

Les planches ont été détruites après qu'un tirage justificatif
en a été fait & déposé
à la Bibliothèque nationale, département des estampes.

SONNETS

DE

MM. Jean Aicard, Autran, Théodore de Banville, Auguste Barbier,
Louis Bouilhet, Henri Cazalis, Léon Cladel, François Coppée,
Antoni Deschamps, Émile Deschamps,
Léon Dierx, Emmanuel des Essarts, Anatole France, Théophile Gautier,
Albert Glatigny,
Édouard Grenier, José Maria de Heredia, Ernest d'Hervilly,
Arsène Houssaye, Georges Lafenestre, Victor de Laprade,
Laurent-Pichat, Leconte de Lisle,
André Lemoyne, Luzarche, Gabriel Marc,
Catulle Mendès, Judith Mendès, Albert Mérat,
Paul Meurice, Claudius Popelin, Armand Renaud, L.-X. de Ricard
Sainte-Beuve, Joséphin Soulary,
Sully Prudhomme, Armand Silvestre, André Theuriet,
Auguste Vacquerie, Léon Valade, Paul Verlaine, Jean Vireton.

EAUX-FORTES

DE

MM. Tancrède Abraham, Boilvin, Bracquemond, Corot, Courtry,
Daubigny, Gustave Doré, Edwards,
Ehrmann, Feyen-Perrin, Léopold Flameng, Français,
Gaucherel, Gérome, Giacomotti,
V. Giraud, Hédouin, Jules Héreau, G. Howard, Victor Hugo, Jacquemart,
Jongkindt, Jundt, Lalanne, Lansyer, Émile Lévy,
Leys, Manet, Michelin, Millet, Ed. Morin, Célestin Nanteuil,
Claudius Popelin, Queyroy, Rajon, Ranvier, Félix Régamey,
Ribot, Rops, Seymour-Haden Solon, Veyrassat.

LIVRES D'ENSEIGNEMENT POPULAIRE.

COURS HISTORIQUE

DE

LANGUE FRANÇAISE

PAR

CH. MARTY-LAVEAUX

En vente :

DE L'ENSEIGNEMENT DE NOTRE LANGUE
1 vol. in-12 couronne, papier teinté. . . . . 1 fr.

En préparation :

Grammaire élémentaire. — Grammaire historique.
Prononciation. — Orthographe.
Ponctuation. — Origine et formation de la langue française.
La langue française aux XVIe, XVIIe, XVIIIe, XIXe siècles.
Principes d'étymologie.
Noms de lieux et noms de personnes. — Dialectes et patois.
Langage populaire et proverbial.
Langage des Précieuses. — Langage de la Révolution.

Voir pour les autres publications de M. Ch. Marty-Laveaux,
pages 1 et 20 du catalogue de la librairie Alphonse Lemerre.

NOUVELLE

COLLECTION JANNET

Volumes in-16, imprimés en caractères anciens sur beau papier.
Prix, brochés ou cartonnés en toile bleue, 2 fr.
Sur pap. vél. de fil, br., dans un étui en percal. bleue, 5 fr.
Sur papier de Chine. . . 15 fr.

Les Pastorales de LONGUS, ou *Daphnis et Chloé*, traduction d'AMYOT, revue par PAUL-LOUIS COURIER,
accompagnée d'un Glossaire des mots difficiles,
par M. PIERRE JANNET . . . . 1 vol.

Les Aventures de Til Ulespiègle, première traduction
complète, faite sur l'original allemand de 1519,
avec une Notice et des Notes, par M. PIERRE
JANNET. (*Seconde édition.*) . . . . 1 vol.

OEuvres complètes de FRANÇOIS VILLON, suivies d'un
choix de Poésies de ses disciples, édition prépa-
rée par LA MONNOYE, mise au jour, avec une
Introduction, des Notes et un Glossaire, par
M. JANNET. (2e tirage.) . . . . 1 vol.

Contes fantastiques : Le Diable amoureux, par CA-
ZOTTE. — *Le Démon marié*, par MACHIAVEL. —
Merveilleuse histoire de Pierre Schlemihl, par ADEL-
BERT DE CHAMISSO . . . . 1 vol.

Paul et Virginie, par BERNARDIN DE SAINT-PIERRE. 1 vol.

Histoire de Manon Lescaut et du chevalier des Grieux,
par l'abbé PRÉVOST, précédée d'une Notice et
suivie de Notes par M. PIERRE JANNET. . . . 1 vol.

La Reconnaissance de Sakountalá, drame en sept actes,
de KALIDASA, traduit du sanscrit par M. E. FOU-
CAUX, professeur de sanscrit au Collége de France. 1 vol.

Le *Roman de Jehan de Paris*, roi de France, revu sur deux manuscrits de la fin du XVe siècle, par M. ANATOLE DE MONTAIGLON . . . . 1 vol.

Le *Diable boiteux*, par LESAGE, seule édition complète, avec les suites, Notice par M. PIERRE JANNET . . 2 vol.

OEuvres complètes de REGNIER, revues sur les éditions originales, suivies d'un grand nombre de pièces posthumes ou apocryphes; avec Notice, Notes et Glossaire par M. P. JANNET . . . . . 1 vol.

Fables de LA FONTAINE, avec préface, notes et glossaire par P. JANNET . . . . 2 vol.

Contes et Nouvelles de LA FONTAINE, avec Préface, Notes et Glossaire par M. P. JANNET . . . . . . 2 vol.

Poésies complètes de MALHERBE, avec Préface, Notes et Glossaire par M. P. JANNET . . . . 1 vol.

OEuvres complètes de RABELAIS, édition conforme au dernier texte revu par l'auteur, avec les variantes de toutes les éditions originales, une Notice, des Notes et un Glossaire par M. P. JANNET. T. I-V. 5 vol.
Sous presse, le sixième et dernier volume.

Don Pablo de Segovie, par QUEVEDO VILLEGAS, traduit par M. GERMOND DE LAVIGNE. . . . . 1 vol.

OEuvres complètes de CLÉMENT MAROT. Tom. I-III. 3 vol.
Sous presse, le quatrième et dernier volume.

La *Princesse de Clèves*, par Mme DE LA FAYETTE.. . 1 vol.

Le *Roman bourgeois*, par FURETIÈRE, avec Notice et Notes par M. PIERRE JANNET. . . . . 2 vol.

L'Homme à bonnes fortunes, comédie en cinq actes, en prose, par MICHEL BARON, avec Préface et Notes par JULES BONNASSIES . . . . 1 vol.

SOUS PRESSE :

MAROT, tome IV et dernier.

RABELAIS, tome VI et dernier.

OUVRAGES DIVERS

Joseph d'Arçay. *La salle à manger du docteur Véron.* 1 vol. in-18 jésus. . . . . 2 »

Charles Asselineau. *Les Sept péchés capitaux de la Littérature.* 1 vol. petit in-12, papier teinté. . . 4 »

Théodore de Banville. *Eudore Cléaz,* conte du jour de l'an. 1 joli vol. in-12 couronne, papier teinté. 1 »

Arthur de Boissieu. *En passant. La première à M. Thiers.* in-18 . . . . » 50

Bernardin de Saint-Pierre. *Paul & Virginie.* 1 beau vol. grand in-4°, imprimé par J. Claye, illustré de 170 dessins par H. de la Charlerie. Relié en toile. . . . . 12 »
Papier teinté, tiré à 200 exemplaires. . . . . 24 »

15 Eaux-fortes de Bracquemond, pour illustrer les *Œuvres de Rabelais.* Sur papier vergé, in-8° écu. . . 20 »

Pierre de Garal. *Hamlet,* traduit de Shakespeare. 1 v. in-4°. 3 »

Léon Cladel. *Le Bouscassié.* 1 vol. in-8° . . . . . . 6 »

Émile Daclin. *L'École buissonnière.* 1 joli vol. in-18 jésus. 2 »

Docteur Déclat. *De la Curation des Maladies de la peau.* 1 vol. in-18. . . . . 2 »

Gazette bibliographique, 1868-69. 1 vol. in-18 jésus. . 6 »

Albert Glatigny. *Le jour de l'an d'un Vagabond.* 1 joli vol. in-12 couronne, papier teinté, eau-forte de Gill. . . . . 2 »

Léon Gozlan. *La Dame verte,* nouvelle posthume. 1 vol. petit in-12. . . . . 1 »

Charles Joliet. *Huit jours en Danemark.* 1 v. in-18 jésus. 1 »

Paul Lacroix. *Nouvelles Œuvres inédites de J. de la Fontaine.* 1 vol. in-8°, avec portrait. . . . 7 50

Louis de Laincel. *Voyage humouristique dans le midi de la France.* 1 fort vol. in-18 jésus. 3 50

Ernest Legouvé. *Un Tournoi au dix-neuvième siècle.* 1 vol. in-4°, papier vergé. . . . . 2 »

Théophile Gautier. *Les Vosges,* dessins de J.-J. Bellel. Vingt dessins d'après nature, lithographiés par J. Laurens; splendide publication in-folio, papier vélin superfin, planches sur Chine. Dans un beau carton. . . . . 20 »

George Sand. *Légendes rustiques,* dessins de Maurice Sand. Magnifique album petit in-folio, orné d'un frontispice, d'un fac-simile de Mme Sand, de 12 belles lithographies tirées sur papier de Chine. Cartonné toile gaufrée, doré sur tranches. . . 15 »

LOUIS DE LYVRON. *Poëmes en prose.* 1 vol. in-8º écu, papier de Hollande. . . . . 6 »
— *Fusains.* 1 vol. in-8º écu, papier de Hollande. . . . 3 50
— *Vercingétorix.* 1 vol. in-8º écu, papier de Hollande 3 50
CH. MARTY-LAVEAUX. Lettre à l'auteur de *Rabelais & ses Éditeurs.* Brochure in-8º écu, papier vergé. . » 50
— *Cahiers de Remarques sur l'Orthographe françoise,* pour estre examinez par chacun de Messieurs de l'Académie. Papier vergé. . . . 3 »
OSTROWSKI. *Marie-Madeleine,* drame en vers. 1 vol. in-16. 3 50
PALUSTRE DE MONTIFAUT. *De Paris à Sybaris,* Étude artistique & littéraire sur Rome & l'Italie méridionale. 1 vol. in-8º. 7. 50
REGNARD. *L'Isle d'Alcine,* comédie inédite, publiée d'après un manuscrit de la Bibliothèque de l'Arsenal, par Hyp. Lucas. 1 vol. in-32 elzévirien, papier de Hollande. . . . . 2 »
CHARLES YRIARTE. *Les Tableaux de la Guerre.* 1 fort vol. illustré de jolis croquis dans le texte, d'après les dessins de l'auteur, par Godefroy Durand. 5 «
JUDITH WALTER (Judith Mendès). *Le Livre de Jade.* 1 vol. in-8º écu, papier de Hollande. . . . . 6 »
CATÉCHISME POPULAIRE RÉPUBLICAIN, 26ᵉ édition. 1 vol. petit in-12. . . . . » 50
CATÉCHISME POPULAIRE RÉPUBLICAIN, édition populaire, tirée sur in-folio. . . . . » 10
HISTOIRE POPULAIRE DE LA RÉVOLUTION. 1 vol. petit in-12. » 50
HISTOIRE POPULAIRE DU CHRISTIANISME. 1 vol. petit in-12. 1 »
ANTHOLOGIE DES POÈTES FRANÇAIS, depuis le xvᵉ siècle jusqu'à nos jours. Édition à l'usage des classes. 1 vol. petit in-12 cart. . . . . 3 »

NOUVEAUX ALPHABETS ILLUSTRÉS
Contenant tous les éléments de lecture et d'écriture.

ALPHABET DES FLEURS. 1 vol in-8º, cartonné. 30 grandes gravures, noires 1 franc; coloriées. . . . . 2 »
ALPHABET D'ANIMAUX. 1 vol. in-8º, cartonné. 27 grandes gravures, noires 1 franc; coloriées. . . . . . . 2 »
A. B. C. *Premier âge.* 1 vol. in-16, cartonné. 27 vignettes, noires 0 fr. 20 cent.; coloriées. . . . . » 60
LECTURE-ÉCRITURE, *exercices méthodiques & gradués.* In-16, cartonné. 27 vignettes, noires 0 fr. 20 cent.; coloriées. . . . . » 60

PARIS. — J. CLAYE, IMPRIMEUR, 7, RUE SAINT-BENOIT. — [430]

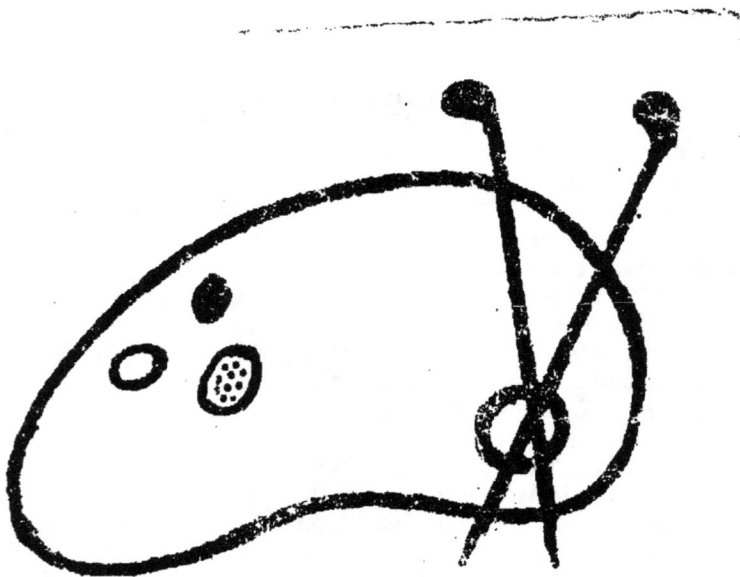

Original en couleur

NF Z 43-120-B

www.ingramcontent.com/pod-product-compliance
Lightning Source LLC
Chambersburg PA
CBHW060604100426
42744CB00008B/1314